KB061362

세상에서
가장 빠른
철학 공부

1페이지로 보는
동서양 핵심 철학

세상에서 가장 빠른 철학 공부

보도사 편집부 지음 | 박소영 옮김

위즈덤하우스

들어가는 글

어렵게만 느껴지던 철학을 그림을 보며 쉽고 빠르게 이해한다!

철학을 난해하고 복잡한 학문으로만 생각하는 사람들이 많은 듯하다. 하지만 지금도 여전히 많은 사람이 어렵지만 알고 싶은 마음에 철학책을 손에 든다. 왜일까. 분명 어딘가에서 철학을 접하고 불현듯 깨달음을 얻은 놀라운 경험을 했기 때문이 아닐까.

철학의 역사는 '세계에 대한 의문과 발견의 역사'이다. 하지만 그 역사가 반드시 일관된 이론으로 전개되지는 않았다. 오히려 곳곳에서 모순이 발견된다. 신의 존재를 증명했다가 신은 죽었다고 하기도 하고, 쾌락을 추구하라는 이론과 욕망을 억제하라는 이론이 같은 시대에 유행하기도 했다. 이러한 모순은 다양한 생각이 철학사에 남아 전해진 결과로서 나타난 것이다.

그러니 철학은 부분만 이해해서는 그 전체를 파악할 수 없다. 역사의 흐름에 따라 시대별 변화를 익히는 것이 중요하다. 따라서 이 책은 시대별 철학자들의 대표적인 철학을 최대한 알기 쉽게 풀어서 설명하였다. 생소한 단어나 개념은 그림을 통해 쉽게 이해할 수 있도록 정리했다.

철학에 대한 부담감을 내려놓고 우선 흥미를 느껴보길 바란다. 그리하여 철학자들의 심오한 사상에 흠뻑 빠져보고 무엇이 맞는지 여러분 스스로 생각했으면 한다. 이 책이 인생에서 철학을 시작하는 작은 출발점이 된다면 기쁠 것이다.

Contents

CHAPTER 06

현대 철학 2

CHAPTER 07
동양 철학

column 칼럼

CHAPTER

01

고대 철학

철학은 고대 그리스의 도시 국가에서 시작되었다. 곳곳에서 모인 여러 현자들이 토론을 거듭한 끝에 한 가지 의문이 생겼다. '지금껏 의심한 적 없던 신화에 무언가 모순이 있는 건 아닐까?'

탈레스
BC624?~BC546?
피타고라스
BC582?~BC497?
헤라클레이토스
BC540?~BC480?
파르메니데스
BC515?~BC445?
프로타고라스
BC485?~BC414?
데모크리토스
BC460?~BC370?

고대의 철학자

소크라테스
BC469?~BC399
제논
BC335?~BC263?
플라톤
BC427~BC347
아리스토텔레스
BC384~BC322
에피쿠로스
BC342?~BC271

CHAPTER 01 | 고대

철학의 시작, 신이 모든 것을 주관하는 시대

고대 그리스에서 '철학'이라는 학문이 탄생하기 전까지 사람들은 이 세계에서 벌어지는 모든 일을 신이 일으킨다고 여겼다. 좀처럼 풀리지 않는 의문이 생겨도 그저 신이 행한 것이라고 생각했다. 그러나 이렇게 전통처럼 이어진 종교적 설명에 의문을 품는 사람들이 생겨났다. 그중 한 사람이 고대 그리스에서 자연 철학자로 활약한 탈레스다. 그는 이성을 사용하여 우주와 세계를 구성하는 '만물의 근원'을 탐구하자고 사람들에게 제안했고 여러 후계자가 그의 뒤를 따랐다. 이것이 철학의 시작이다.

그 후 그리스에서 소피스트(기원전 5세기 무렵 그리스 전역을 돌며 수사와 변론술을 가르치던 직업 교사들-옮긴이)라고 하는 지식인들이 늘자, 만물의 근원을 탐구하는 사람들 사이에서 만물에 공통된 것은 없다고 보는 '상대주의'가 유행한다. 그 무렵 소크라테스가 등장한다. 그는 우선 사람들에게 무엇을 알고 있느냐고 질문을 던졌다. 소크라테스의 가르침을 계승한 플라톤은 본질은 하늘에 있다고 말했고, 플라톤의 제자 아리스토텔레스는 본질이 지상에 있다고 주장해 비로소 철학이 신에서 벗어나 발전하기 시작했다. 그러나 알렉산드로스 대왕의 죽음 이후 철학은 쇠퇴하기 시작하고, 기독교의 번성으로 그 자취를 잃어갔다.

핵심 철학 용어

KEY WORD

아르케(arche)

'시작'을 뜻하는 고대 그리스어. 시작은 그다음에 태어나는 존재의 원인이기도 하므로 '만물의 근원'이라는 뜻을 나타낸다.

KEY WORD

상대주의

사람은 각자의 주관에 따라 사물을 인식하기 때문에 하나의 사건에도 그것을 인식하는 사람의 수만큼 느끼는 방식이 존재하며, 공통된 인식은 없다고 보는 시각이다.

KEY WORD

이데아(Idea)

사물의 '형태나 모양'을 의미하는 고대 그리스어. 철학자 플라톤이 주장한 이론의 중심 개념으로서 '만물의 원형' 또는 '이상향'을 뜻한다.

KEY WORD

형이상학

자연의 원리에서 벗어나 '존재'를 연구하는 학문. '위'를 의미하는 '메타meta'와 자연 철학을 의미하는 '피지카physika'가 합쳐진 '메타피지카metaphysika'가 어원이다. 자연의 원리로서 만물의 존재와 그 기원이 무엇인지 밝히기보다는 만물이 존재하는 이유를 고찰하고, 그 근본 원리를 탐구하였다.

KEY WORD | 아르케

만물의 근원은 물이다

By 탈레스

탈레스는 고대 그리스 7현인(플라톤의 저서《프로타고라스》에 나오는, 그리스에서 영리하다고 알려진 일곱 사람-옮긴이) 중 한 사람이며, 최초의 철학자로 알려져 있다. 탈레스가 이끈 '밀레투스 학파'는 오늘날 터키의 아나톨리아 반도에 있는 밀레투스에서 탄생한 자연 철학 학파다. 그는 '**만물의 근원(아르케**arche**)은 물**'이라고 보고 그 원리를 연구했다. 아리스토텔레스는 탈레스를 '철학의 아버지'라고 평가했다.

물에는 액체, 기체, 고체라는
세 가지 상태가 있다.
따라서 만물의 근원은 '물'이다.

Thales
탈레스

BC624? ~ BC546?
【사상】자연 철학
【지역】고대 그리스

비혼 귀족 탈레스

탈레스는 평생 비혼주의자로 살았다. 어느 날 어머니가 자신을 억지로 결혼시키려고 하자 탈레스는 아직 서두를 때가 아니라고 말했다. 그 후 적령기가 지나 다시금 어머니가 결혼을 재촉하자 이제는 때가 늦었다고 대답했다고 한다.

만물의 근원인 '물'은 모든 곳에서 넘쳐난다

만물의 근원인 '물'은 바닷물이라고 생각했다

그리스 사람들은 '만물의 어머니'인 바다 위에 땅이 떠 있다고 믿었기 때문에 탈레스는 바닷물이 변하여 지상의 모든 것을 만들었다고 생각했다.

고대 사람들은 세상에 존재하는 모든 것이 신의 힘으로 만들어졌다고 믿었고, 신화(미토스mythos)를 토대로 세상을 이해했다. 예컨대 홍수나 지진을 보고 신이 분노한다고 믿는 식이었다. 그러나 **탈레스는 눈에 보이는 것에서 아르케를 발견하여 이성으로써 설명하고자 했다.** 이러한 철학적 사고를 한 덕분에 탈레스는 철학의 아버지로 평가받았다.

수가 만물을 지배한다

By 피타고라스

'**피타고라스의 정리**'로 잘 알려진 수학자 피타고라스는 탈레스의 제자로 공부한 뒤 정치와 철학적 요소를 동시에 지닌 종교 단체를 세웠다. 이 교단에서는 영혼이 윤회한다고 믿었으며, 만물은 숫자들이 서로 만들어내는 관계성으로 이루어져 있다고 생각했다. '**수**數**가 만물을 지배한다**'라는 피타고라스의 말은 그의 제자가 전했는데, 그야말로 수가 만물의 근원인 아르케라고 본 것이다.

만물은 수식으로 나타낼 수 있다.
따라서 수가 만물을 지배한다.

Pythagoras
피타고라스

BC582?~BC497?
【사상】피타고라스주의
【지역】고대 그리스

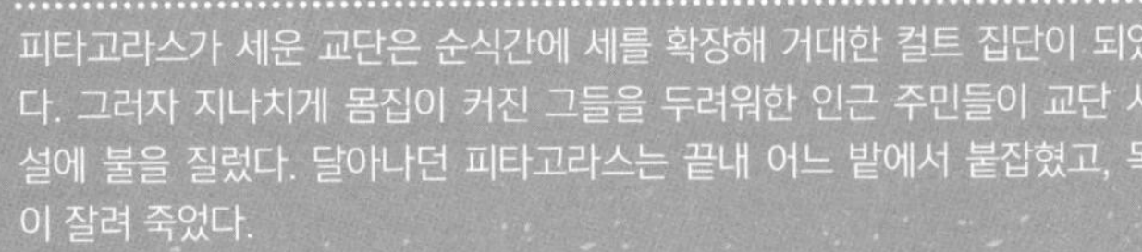

카리스마 넘치던 교주의 최후

피타고라스가 세운 교단은 순식간에 세를 확장해 거대한 컬트 집단이 되었다. 그러자 지나치게 몸집이 커진 그들을 두려워한 인근 주민들이 교단 시설에 불을 질렀다. 달아나던 피타고라스는 끝내 어느 밭에서 붙잡혔고, 목이 잘려 죽었다.

만물을 수식으로 나타낼 수 있다고 주장한 피타고라스

눈에 보이는 것을 수치화할 수 있다면 눈에 보이지 않는 것도 가능하다

피타고라스는 건물의 비율과 달이 차고 기우는 법칙을 수로 나타냈고, 음계의 규칙은 물론 우주의 법칙까지도 수치화하고자 했다.

피타고라스는 달이 차고 기우는 모습과 별의 움직임, 음악의 음계(옥타브) 등에서 수학적 규칙성을 발견했다. 그리고 이 이론을 확대하여 만물에 수학 규칙이 있을 것이라고 예상했다. 피타고라스의 업적은 피타고라스의 정리나 규칙성의 발견 외에도 탈레스를 비롯한 선인들이 '물질'에서 만물의 근원을 찾았던 것에서 나아가 보이지 않는 '개념'의 영역으로 사고를 확장했다는 데 있다. 피타고라스의 '**보이지 않는 근원**'에 관한 연구는 이후 플라톤이 계승한다.

만물은 흐른다

By 헤라클레이토스

헤라클레이토스는 옛 이오니아 지방의 에페소스 출신의 자연 철학자다. 자세한 이야기는 알려져 있지 않지만 귀족 출신인 그는 콧대가 워낙 높아서 남들과 잘 어울리지 못하고 독설을 입에 달고 살아 친구가 거의 없었다고 한다. 이처럼 비뚤어진 성격을 지닌 헤라클레이토스는 만물의 본질을 '변화'라고 보고 '**만물은 흐른다**'고 주장했다.

사람은 같은 강물에
두 번 들어갈 수 없다. 왜냐하면
강은 늘 변화하기 때문이다.

Heracleitos

헤라클레이토스

BC540?~BC480?

【사상】만물유전萬物流轉

【지역】고대 그리스

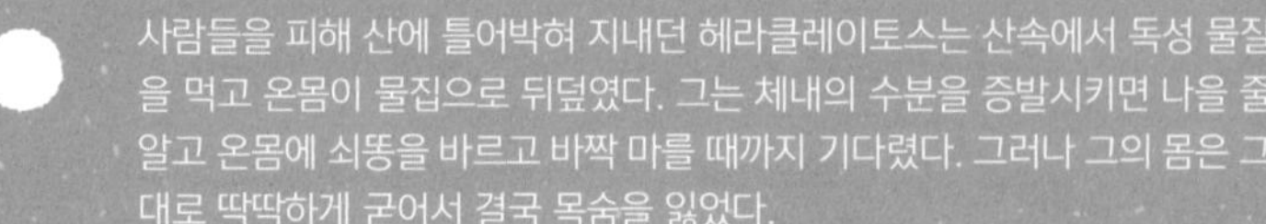

사람을 기피한 철학자의 처절한 죽음

사람들을 피해 산에 틀어박혀 지내던 헤라클레이토스는 산속에서 독성 물질을 먹고 온몸이 물집으로 뒤덮였다. 그는 체내의 수분을 증발시키면 나을 줄 알고 온몸에 쇠똥을 바르고 바짝 마를 때까지 기다렸다. 그러나 그의 몸은 그대로 딱딱하게 굳어서 결국 목숨을 잃었다.

같은 강물에는 두 번 다시 들어갈 수 없다

1초 후의 나는 같은 내가 아니다?

모든 것은 흐르는 강물처럼 항상 움직인다. 1초 후의 강, 자기 자신 등 모든 것이 미세하게라도 변화하는 것이 사물의 본질이다.

헤라클레이토스가 말하는 변화란 **항상 계속해서 바뀐다**는 뜻이다. 예를 들면 우리가 어제에 이어 오늘도 같은 강에 들어갔다고 가정해 보자. 강물이 흐르면서 물을 구성하는 물질 또한 유동적으로 바뀐다. '강'이라는 존재는 변하지 않지만 강물은 어제와 전혀 다르다. 이처럼 헤라클레이토스가 만물의 본질은 늘 유동적인 상태라고 주장하자, 불변하고 공통된 근원을 추구하던 그리스 철학계는 큰 충격을 받았다.

KEY WORD | 있는 것은 있다, 없는 것은 없다

있는 것은 있다, 없는 것은 없다

By 파르메니데스

파르메니데스는 그리스의 식민 도시였던 이탈리아 남부 엘레아 출신의 철학자다. 헤라클레이토스가 '만물은 흐른다'고 주장한 것과 달리 만물은 영원히 변하지 않는다고 주장했다. '**있는 것은 있다, 없는 것은 없다**'라는 말처럼 그는 '유有'와 '무無'의 관계를 철저히 파고들었다. 그가 생각한 '있다'란 무엇이었을까.

눈에 보이는 변화는
아무리 다양하더라도 착각일 뿐이다.
있는 것은 있고, 없는 것은 없다.

Parmenides
파르메니데스

BC515?~BC445?

【사상】불생불멸不生不滅

【지역】고대 이탈리아 남부

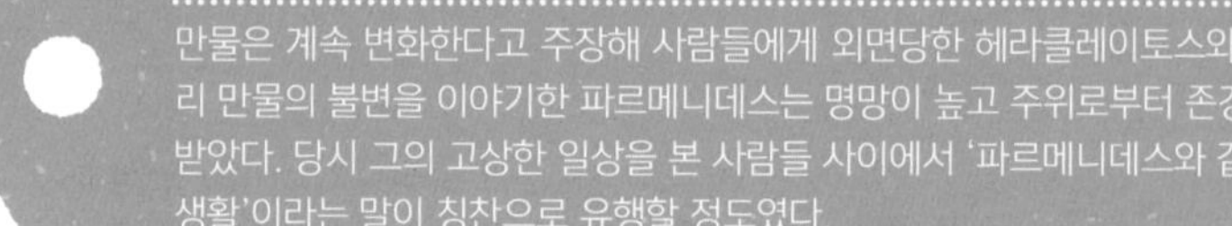

헤라클레이토스와 대조적인 기품 있는 삶

만물은 계속 변화한다고 주장해 사람들에게 외면당한 헤라클레이토스와 달리 만물의 불변을 이야기한 파르메니데스는 명망이 높고 주위로부터 존경을 받았다. 당시 그의 고상한 일상을 본 사람들 사이에서 '파르메니데스와 같은 생활'이라는 말이 칭찬으로 유행할 정도였다.

'있는 것은 있다'의 뜻은?

예를 들면 인간은 갓난아기 상태에서 어린이, 청년, 성인, 노인을 거쳐 죽으면 뼈가 되는 다양한 변화를 겪는다. 파르메니데스는 이러한 형태의 변화는 겉모습일 뿐이고 '인간'이라는 **변하지 않는 개념이야말로 진정한 '존재'라고 생각했다.** 파르메니데스와 헤라클레이토스가 각각 주장한 존재의 불변과 변화는 만물의 근원을 탐구하는 그리스 철학계에 큰 영향을 미쳐 '존재한다'는 것이 무엇인지에 관한 새로운 물음을 제기했다.

KEY WORD | 원자, 공허

만물은 원자와 공허로 이루어져 있다

By 데모크리토스

고대 그리스의 트라키아 지방에서 태어난 데모크리토스는 철학뿐만 아니라 윤리학, 물리학, 수학, 천문학 등 폭넓은 분야에 정통했다. 그는 **만물은 원자**(아톰atom)**와 공허**(케논Kenon)**로 이루어져 있다**고 보는 원자론을 최초로 제시했다. 그는 모든 것이 눈에 보이지 않을 만큼 작은 입자인 원자가 공허라는 공간에서 충돌하고 재결합됨으로써 만들어진다고 보았다.

만물의 최소 단위는 원자다.
만물은 운동하는 원자가 결합하여 이루어진다.

Democritos
데모크리토스

BC460?~BC370?
【사상】원자론
【지역】고대 그리스

늘 웃으며 행복하게 살았던 철학자

데모크리토스는 사람들과 잘 어울리고 붙임성이 좋아서 주위로부터 '웃는 사람'이라고 불렸다. 당시로는 드물게 장수를 해서 적어도 여든 살 전후까지 살았으며, 어느 기록에 따르면 백 살이 넘게 살았다는 말도 있다.

만물은 원자가 모여서 이루어졌다

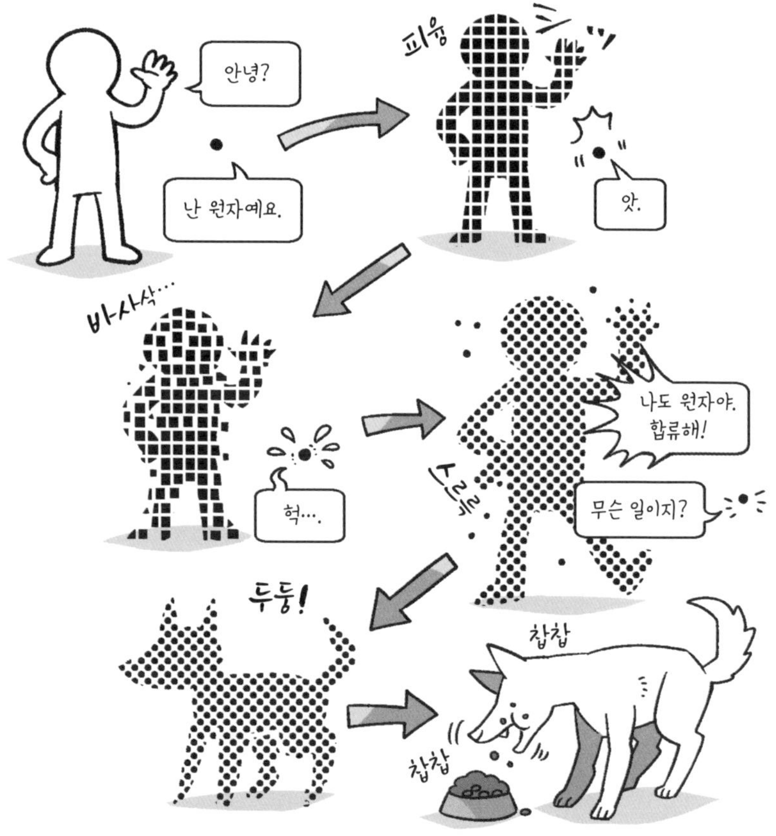

더 이상 나눌 수 없는 입자가 다양한 형태를 만든다

모든 물질은 원자라 불리는 작은 입자들로 이루어져 있고, 그 집합체가 죽거나 썩으면 다시 다른 집합체를 만든다.

데모크리토스의 이러한 이론을 '**원자론적 유물론**'이라고 한다. 원자는 그 배열 상태나 방향에 따라 다양한 물질을 만들고, 겉모양은 변화하지만 그 자체는 변하지 않는다. 즉, **우리가 느끼는 형태나 맛, 색깔 등은 원자의 조합**이라는 것이다. 데모크리토스의 이론은 이후 근대 원자론으로 이어졌다.

인간은 만물의 척도다

By 프로타고라스

프로타고라스는 고대 그리스의 도시 국가 아테네에서 직업적으로 변론술을 가르치는 '소피스트'라는 지식인이었다. 당시 번성했던 아테네에는 법체계가 완성되어 있었다. 그러나 변호사는 따로 없어서 시민들은 스스로 변호를 해야 했고, 때문에 변론술은 대단히 인기가 높은 학문이었다. 프로타고라스의 '**인간은 만물의 척도**'라는 주장은 이후에 '**상대주의**'의 출발점이 되었다.

나를 좋은 사람이라고
칭찬하는 사람이 있는가 하면,
나쁜 놈이라고 매도하는 사람도 있다.
인간이야말로 만물의 척도다.

Protagoras
프로타고라스

BC485? ~ BC414?
【사상】 상대주의
【지역】 고대 그리스

군함을 살 정도의 지식

프로타고라스는 소피스트로서 평판이 아주 높은 동시에 비싼 강의료를 받기로도 유명했다. 일화에 따르면 프로타고라스는 강의 한 번에 해군이 군함을 살 수 있을 정도의 돈을 받았다고 한다.

절대적 가치관이란 없고 사람마다 제각각 다르다

진실은 관측자에 따라 달라지는 것

프로타고라스가 주장한 상대주의는 어떤 의제에도 두 가지 측면이 있으며 어느 쪽도 옳고 타당한 점이 있다고 본다. 결국 각 개인이 느낀 것만이 진실이 된다.

같은 장소에서 누군가는 덥다고 하고 누군가는 춥다고 했을 때, 어느 쪽도 거짓이나 틀린 것이 아니다. 양쪽 다 진실이고 감각과 가치관은 관측자에 따라 달라진다. 그래서 프로타고라스는 **절대적인 것은 존재하지 않고 모든 판단은 주관에 불과하다**고 주장했다. 이 예리한 고찰과는 달리 상대주의를 악용한 생각이 아테네에 널리 퍼졌고, 끝내 '중우정치'(이성보다는 일시적 충동에 사로잡힌 어리석은 다수가 이끄는 정치-옮긴이)가 시작되면서 아테네는 점차 몰락했다.

KEY WORD | 문답법, 무지의 지

내가 무지하다는 사실 말고는 아무것도 모른다

By 소크라테스

소크라테스는 종종 서양 철학의 창시자로 평가받는데, 정작 본인은 책 한 권 남기지 않은 채 생을 마쳤다. 오늘날 남아 있는 정보는 제자인 플라톤의 저술이 유일하다. 소크라테스는 어느 날 델포이 신전의 신탁(신의 계시)을 통해 '이 세상에서 소크라테스가 가장 현명하다'라는 말을 듣는다. 깜짝 놀란 소크라테스는 가까운 현자와 지식인들을 찾아가 신탁의 의미를 파악하려고 했다.

어쩌면 내가 가장
현명한 사람일지도 모른다.
나는 내가 무지하다는 것을
알고 있기 때문이다.

Socrates
소크라테스

BC469? ~ BC399
【사상】 문답법
【지역】 고대 그리스

악처 크산티페와의 결혼 생활

소크라테스에게는 크산티페라고 하는 아내가 있었다. 크산티페는 걸핏하면 신경질을 부리고, 때로는 남들 앞에서 소크라테스를 욕하기도 했다. 소크라테스는 수컷 매미가 부러운 이유는 침묵하는 부인이 있기 때문이라고 말하기도 하고, 내 아내를 감당할 수 있다면 누구든 상냥할 수 있다는 말을 남기기도 했다.

질문을 계속하다 보면 모르는 것이 나온다

문답법

소크라테스가 사용한 문답법은 질문을 계속하면서 상대방의 주장이나 의견의 밑바탕에 깔린 부정확한 상식을 드러내는 방법이다.

소크라테스가 주로 쓴 사유의 방식을 '**문답법**'이라고 한다. 스스로 '아무것도 모른다'라는 자세로 상대에게 질문을 반복하여 상대의 답변이나 인식에 숨어 있는 모순과 무지를 드러나게 하는 방법이다. 그 결과 소크라테스는 스스로 안다고 여기는 현자보다 **모르고 있음을 아는**(**무지의 지**) 자신이 현명하다는 것을 깨달았다. 질문을 던지고 그 해답을 거듭 고찰하는 문답법은 이후 제자인 아리스토텔레스의 논증법으로 이어졌다.

CHAPTER 01

고대

08

KEY WORD | 이데아, 이데아계

본질은 하늘에 있다

By 플라톤

아테네의 명문가에서 태어난 플라톤은 소크라테스의 제자로서 진정한 '선善'과 '사랑'에 관하여 파고들었다. 당시 아테네에는 소피스트를 중심으로 '인간에게 공통된 진실은 없다'고 주장하는 상대주의가 유행하고 있었지만 플라톤은 이러한 주장에 정면으로 반대했다. 그리고 '**이데아**Idea'라는 유일무이한 존재를 제시했다.

만물의 참모습은
천상의 이데아계에 있다.
지상의 것은 그림자에 불과하다.

Platon

플라톤

BC427 ~ BC347

【사상】이데아론

【지역】고대 그리스

동성애자 플라톤

플라톤의 스승인 소크라테스는 부인이 있었지만 동성애자였으며, 종종 남성에게 "당신의 영혼에 반했다"고 말했다. 플라톤 역시 저서 《향연》에서 고귀한 사랑이란 '소년을 향한 청년의 사랑'이라고 이야기했다. 육체가 아닌 깨끗한 영혼에 반했기 때문이라나.

겉모양이 다른데도 어째서 말이 떠오를까?

영혼이 말의 이데아를 기억하고 있다

각각의 형태가 다른데도 특정한 사물(말)이 떠오르는 이유는 각 사물에서 '말의 이데아'를 영혼이 발견했기 때문이다.

플라톤은 소피스트가 말한 대로 사람에 따라 '선'의 형상은 달라지지만, 우리는 모두 누군가의 선을 알 수 있다고 주장했다. 모든 선의 기준이 되는 '원형'이 있기 때문이다. 이 원형을 이데아라고 한다. 그리고 **이데아는 천상의 '이데아계'에 존재하고 지상에 가득한 만물은 이데아의 모조품**이라고 말했다. 플라톤은 겉모양이 달라도 그것이 무엇인지 아는 이유는 인간의 영혼이 이데아계의 원형을 알고 있기 때문이라고 주장했다.

KEY WORD | 형상, 질료

본질은 지상에 있다

By 아리스토텔레스

아리스토텔레스는 플라톤이 설립한 교육 기관인 아카데메이아Academeia에서 학문을 닦은 철학자다. 그러나 천상 세계에 이데아가 있다는 스승의 주장에 의문을 품고, **만물의 본질은 개개의 사물 안에 존재한다**고 생각했다. 플라톤은 '만물은 이데아의 모조품'이라고 주장했지만, 아리스토텔레스는 눈앞의 사물과 동물, 식물이 모조품이라고 생각하지 않았고 현실은 지상에 있다고 보았다.

모든 사물의 본질은
이데아계가 아니라
개개의 사물 안에 있다.

Aristoteles
아리스토텔레스

BC384 ~ BC322

【사상】논리학

【지역】고대 그리스

사람은 선을 추구하는 생활을 해야 한다. 단, 노예와 함께.

아리스토텔레스는 이상적인 국가 체제를 군주제라고 보았다. 올바른 군주가 나라를 다스리면 백성은 지식 탐구에만 집중할 수 있기 때문이다. 그는 노예제의 필요성도 주장했다. 연구에 몰두하려면 다른 일은 노예에게 시켜야 한다고 생각했기 때문이다.

만물의 본질은 각각의 개체 안에 존재한다

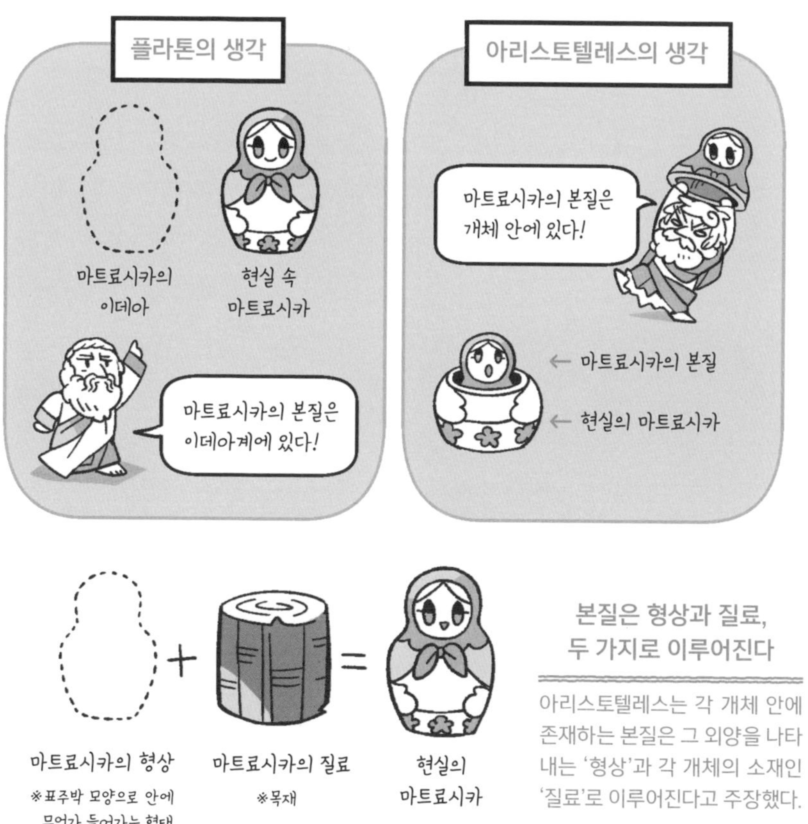

본질은 형상과 질료, 두 가지로 이루어진다

아리스토텔레스는 각 개체 안에 존재하는 본질은 그 외양을 나타내는 '형상'과 각 개체의 소재인 '질료'로 이루어진다고 주장했다.

아리스토텔레스는 **'형상(에이도스**eidos**)'**과 **'질료(힐레**hyle**)'**라는 용어로 만물의 본질을 설명했다. 형상이란 사물이 무엇인지 나타내는 '모양'이고 질료는 그 '소재'다. 즉 와인 잔의 형상이 있고, 유리라는 질료가 조합하여 와인 잔이 만들어진다는 발상이다. 그는 만물이 이 두 가지로 이루어진다고 보았다. 개체를 관찰하여 형상과 질료를 분류하는 발상은 이후에 발전을 거듭하여 생물학으로 체계화되었다.

KEY WORD | 사원인설, 형상인, 질료인, 목적인, 작용인

CHAPTER 01
고대
10

모든 것에는 네 가지 요인이 있다

By 아리스토텔레스

모든 사물은 네 가지 요인에 따라 존재한다

아리스토텔레스는 만물의 본질이 형상과 질료로 이루어진다고 주장한 것에서 나아가 **만물이 네 가지 요인에 따라 존재한다**고 생각했다. 이를 '**사원인설**四原因說'이라고 한다. 자동차를 예로 들면, 자동차의 형태가 '**형상인**', 자동차를 만드는 재료인 철이나 유리가 '**질료인**', 빠르게 이동하려는 것이 '**목적인**', 자동차가 존재하는 이유로서 공장에서 만들어진 것이 '**작용인**'이다. 아리스토텔레스는 사물의 형태나 존재하는 목적을 나타내는 사원인을 통해 세계의 구성 요소를 알 수 있다고 주장했다.

형이상학은 자연학 이전에 존재한다

By 아리스토텔레스

형이상학은 실체를 고찰하는 학문

아리스토텔레스는 '사원인설'에 따라 만물이 존재한다고 주장하고 '**형이상학**'을 자연학보다 앞선 학문이라고 평가했다. 그는 자연학이 사물을 이루는 소재와 사물이 존재하는 목적을 다루는 데 비해 형이상학은 애당초 그 사물은 무엇이고 그것이 존재하는 의미는 무엇인지를 따지며 존재의 전제가 되는 물음을 생각하는 학문이라고 설명했다.

KEY WORD | 에피큐리언(쾌락주의자), 아타락시아

정신적 쾌락을 추구하라, 죽음은 두려워할 필요가 없다

By 에피쿠로스

사모스 섬 출신의 에피쿠로스는 **쾌락주의자를 뜻하는 에피큐리언**epicurean의 어원이 된 철학자다. 하지만 에피쿠로스가 주장한 쾌락설은 육체의 욕망에 탐닉하는 쾌락과는 다르다. **마음에 불안이 없고 육체에도 손상이 없는 상태를 추구**한다는 의미에서 금욕이 아닌 쾌락을 긍정한 것이다. 이렇게 마음의 평정을 이룬 상태를 **아타락시아**ataraxia라고 한다.

죽음은 의식과 감각의 끝이며
정신적으로나 육체적으로 고통은 없다.
따라서 고민할 필요가 없다.

Epikouros

에피쿠로스

BC342?~BC271

【사상】쾌락주의

【지역】고대 그리스

쾌락을 추구하지 않으면 마음이 망가졌다

에피쿠로스가 '쾌락을 추구하라, 죽음은 두렵지 않다'라고 갑자기 목소리를 높인 이유는 당시 마케도니아의 침략 탓에 그리스 전 국토가 황폐해졌기 때문이다. 에피쿠로스는 죽음의 위협을 느끼는 민중들의 마음을 구원하기 위해 이러한 주장을 펼쳤다.

쾌락은 육체의 욕망을 탐닉하는 것이 아니다

쾌락주의란?

에피쿠로스가 주장한 쾌락은 마음이 불안하지 않은 상태를 말한다. 당시 마케도니아로부터 침략을 당한 그리스에서는 마음의 평안을 얻을 방법이 필요했다.

불안의 최대 원인, '죽음'을 두려워하지 않는 방법

죽음은 감각과 의식의 끝이기 때문에 죽으면 마음도 괴롭지 않고 몸도 아프지 않을 것이다.

죽음은 단지 영혼과 육체가 모두 원자로 돌아가 다시 무언가가 되는 것이다.

죽음은 조금도 두려워할 필요가 없으며, 두려워하지 않는다면 쾌락에 도달할 수 있다.

에피쿠로스는 아타락시아에 도달하기 위해서는 죽음에 대한 공포를 없애야 한다고 말했다. 그는 원자론을 주장한 데모크리토스의 영향을 받았다. 그에 따르면 **인간의 육체와 영혼은 원자로 이루어져서 죽고 나면 다시 원자로 돌아가는 것뿐이기 때문에 정신과 육체의 고통은 존재하지 않는다.** 따라서 죽음은 두려워할 일이 아니다. 그러나 영혼을 원자로 본 그의 생각은 신을 믿는 대다수 사람에게는 받아들여지지 않았다.

KEY WORD | 욕망, 무욕, 스토익

자연에 따라 살아라

By 제논

키프로스 섬의 상인 집안에서 태어나 무역상으로 일하던 제논은 어느 날 항해 도중 배가 침몰해 아테네에 도착했다. 우연히 다다른 아테네에서 제논은 철학을 처음 접하고 배우기 시작했다. 제논은 '**절제, 그리고 자연과 조화**'를 주장했다. 인간에게는 온갖 욕망이 따라다니는데 이러한 욕망이 불안과 질투로 변해 사람의 마음을 갉아먹는다는 것이다.

정념에 휘둘리지 않고
욕망을 버리는 것이
자연에 따르는 삶이다.

Zenon ho kyprios
키프로스의 제논

BC335? ~ BC263?
【사상】금욕주의
【지역】고대 그리스

스토아학파라는 이름의 유래

스토아학파의 이름은 제논이 제자들에게 강의하던 곳이 '스토아 포이킬레 Stoa poikile'라는 기둥으로 이루어진 복도이자 처형장이었던 것에서 유래했다. 아무도 가까이 가지 않는 '스토아'에 모이는 사람들이라 하여 스토아학파라고 불리게 되었다.

인간은 자연과 조화를 이룸으로써 마음이 평온해진다

제논이 보기에 인간은 어차피 신이 정한 자연법칙 안에서 살아가는 존재이므로 자연과 조화를 이루며 사는 것이 중요하다고 생각했다. 자연과 조화를 이루려면 인간이기 때문에 생기는 **욕망**(**파토스**pathos)을 억제하고, **무욕**(**아파테이아**apatheia)을 추구해야 한다며 절제와 금욕을 호소했다. 이처럼 절제하는 마음을 '**스토익**stoic'이라고 하며 오늘날에도 이어지고 있다.

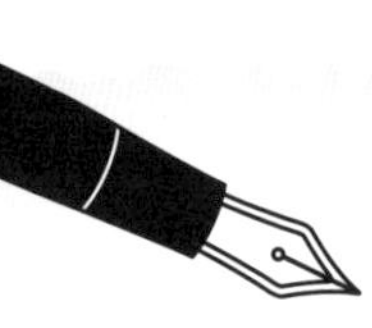

column no.01

인간에게 자유의지는 없다?

'자유로운 의지'란 무엇일까. 여러분 앞에 어느 쪽이든 선택할 수 있는 두 개의 보석이 놓여 있다고 치자. 두 보석의 크기와 종류, 여러분으로부터 떨어진 거리는 모두 동일하다. 여러분이 어느 쪽을 택해도 아무런 차이가 없는 상황이다. 그렇다면 어느 쪽을 택하겠는가?

만일 오른쪽 보석을 그냥 골랐다면, 그 이유도 '그냥'일 것이다. 다시 말해 그 보석을 선택한 이유(원인)를 여러분은 알지 못한다. 이를 가리켜 자유라고 말할 수 있을까? 무엇인가 다른 의지(존재)로 인해 선택했다고 볼 수도 있지 않을까? 그렇다면 오른손잡이라서 오른쪽 보석을 선택했다고 합리적인 이유를 덧붙인다면 어떨까. 여러분이 항상 합리적인 선택을 따른다고 한다면 완전히 자유롭다고 말할 수는 없지 않을까? 또한 이번에만 합리적으로 선택했다고 하면 왜 이번에만 합리적인 선택을 했는지 이유가 있을까? 그 이유가 '그냥'이라면 역시 자유롭다고는 말하기 어렵다. 인간에게 자유로운 의지가 정말로 존재할까?

CHAPTER

02

중세 철학

기독교가 세상을 지배하던 중세 사회에서 신은 절대적 존재였다. 기독교의 영향 아래에서 철학은 암흑의 시대를 맞이한다.

아우구스티누스
354~430
이븐 시나
980~1037

중세의 철학자

토마스 아퀴나스
1225?~1274

아베로에스
1126~1198

CHAPTER 02 | 중세

종교와 철학의 융합이 요구되던 중세

중세에는 기독교가 로마 제국의 국교로 제정되면서 사람들 사이에 널리 퍼졌다. 이 시대 철학의 가장 큰 화두는 신학과 철학 이론이 상반되는 문제였다. 예를 들어, 당시 유럽에서는 잊혔지만 이슬람권에서 독자적으로 발전한 아리스토텔레스 철학을 십자군이 재발견했는데, 그 내용이 기독교의 교의와 크게 모순되어서 절대적 존재인 신의 지위마저 위협할 정도였다.

철학에서는 철학과 기독교 중 어느 한쪽이 승리하는 것이 아니라 양쪽을 융합하는 길을 모색했다. 기독교의 교부敎父였던 아우구스티누스는 플라톤 철학을, 토마스 아퀴나스는 아리스토텔레스 철학을 대상으로 이성과 신앙이 모순되지 않는다는 이론을 독자적으로 수립했다. 토마스 아퀴나스의 '철학은 신학의 시녀'라는 말처럼, 철학은 기독교의 교리를 뒷받침하며 함께 진리를 추구하는 학문으로 재정의되었다. 토마스 아퀴나스의 이론은 '스콜라 철학'이라고 불리며 이 시기에 널리 보급되었다.

핵심 철학 용어

KEY WORD

자유의지

스스로 선택하여 결정을 내리는 능력을 말한다. 자유의지에 반대하는 철학적 주장은 '결정론'으로, 인간의 선택은 이미 외적 요인에 따라 정해져 있다고 보는 시각이다.

KEY WORD

자기(自己)

외부 세계와 구별되는 자신의 의식을 가리키는 말. 자기는 육체와 구별되어 존재한다고 보는 이론을 '심신 이원론'이라고 한다.

KEY WORD

보편

언제, 어디, 누구에게나, 무엇에든 해당하는 특징. '사각형은 네 개의 각을 지닌다'와 같은 보편적인 것이다. 반대말은 '특수'로서 개체가 지닌 독자성을 의미한다.

KEY WORD

스콜라 철학

중세 수도원과 교회에서 이루어진 철학 연구. '스콜라schola'와 영어의 스쿨school은 동의어이다. 기독교의 《성서》에 나타난 모순을 이성으로 해결하는 것이 목적이었다.

KEY WORD | 자유의지

신은 악의 기원이 아니다

By 아우구스티누스

북아프리카 출신의 아우구스티누스는 젊은 시절 자유분방한 시간을 보내며 한때 마니교(3세기 페르시아 왕국에서 예언자 마니가 일으킨 종교-옮긴이)에 심취했으나, 기독교로 회심하여 그리스 철학을 바탕으로 기독교의 교의 체계를 세웠다. 아우구스티누스는 '**신은 악을 창조하지 않았다**'라고 말하며, 신은 인간에게 '**자유의지**'를 부여했지만 인간이 잘못된 행동을 선택하여 악으로 보인다고 주장했다.

신은 오직 선만을 만들어낸다.
악이란 불완전한 선이다.

Aurelius Augustinus
아우렐리우스 아우구스티누스

354~430년

【사상】신플라톤주의

【지역】중세 북아프리카

부끄러운 지난날의 고백

《고백록》은 아우구스티누스의 유명한 저서다. 그는 이 책의 전반부에서 어린 시절 배를 훔쳐 먹거나 공부를 게을리하고, 젊은 시절 연애와 정욕에 빠져 지냈던 것을 숨김없이 밝힌다. 이렇게 과거에 저지른 죄를 고백하고는 '삼위일체설' 등 기독교의 정통 교리를 확립했다.

악은 단지 선이 부족한 상태

신은 오직 선을 창조했지만 인간은 잘못을 저질렀다

인간은 본래 선만 지니고 있다. 그러나 선이 부족해지면서 잘못된 선택이 발생한다.

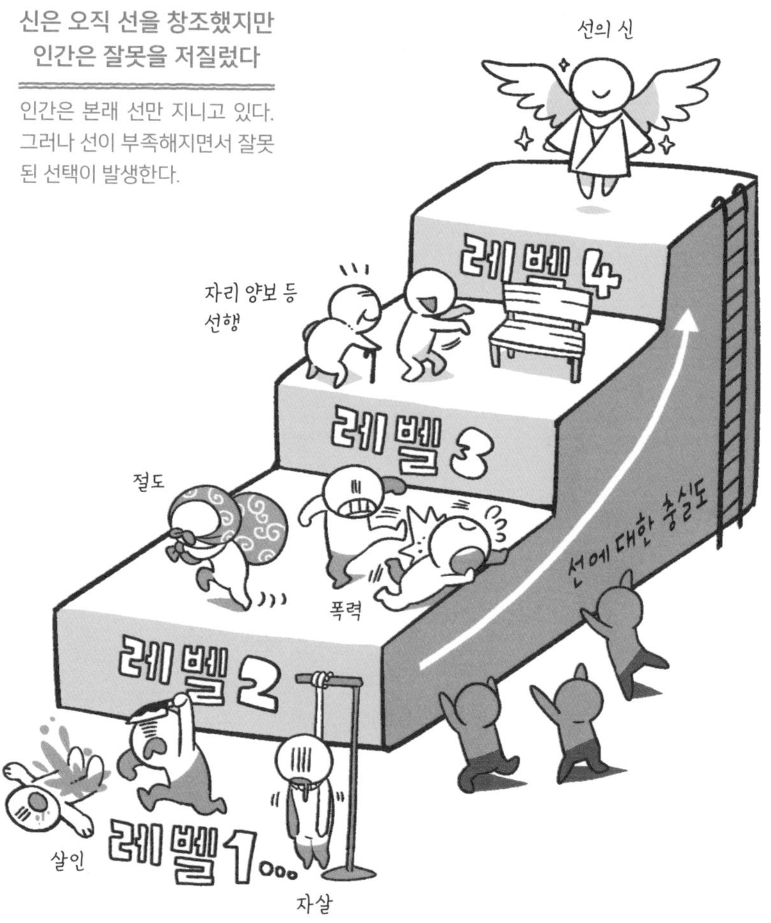

아우구스티누스가 보기에 **악이란 선이 불완전 또는 불충분하게 드러난 상태**다. 즉, 본래 신이 설계한 대로라면 각 개인이 자유로운 의지로 선을 행하게 마련인데 선이 부족해서 잘못된 선택을 한다는 것이다. 또한 아우구스티누스는 신앙은 인간의 나약함을 극복하고 선으로 나아가기 위해 존재한다고 말했다. 이처럼 신의 사랑을 깨닫고 선을 추구하는 사상은 이후 유럽으로 퍼져나가 봉건적인 사회 제도의 토대가 되었다.

KEY WORD | 공중 인간, 자기

영혼은 육체와 별개로 존재한다

By 이븐 시나

이슬람 철학자인 이븐 시나는 아비센나Avicenna라는 라틴어 이름으로도 알려져 있다. 그는 '아리스토텔레스의 후계자'임을 자처하며 형이상학을 연구했다. 이후 이슬람 철학을 체계화하여 **중세 이슬람 세계에서 최고의 지성**으로 평가되었다. 아리스토텔레스가 '영혼과 육체는 별개의 물체가 아닌 하나의 통합체'로 본 것과 달리 이븐 시나는 **영혼과 육체는 구별된다**고 주장했다.

모든 감각을 제거해도
'있다'고 확신할 수 있는 무엇,
그것이 바로 '존재'다.

Ibn Sīnā
이븐 시나

980~1037년
【사상】아라비아 아리스토텔레스주의
【지역】중세 페르시아

어린 시절부터 한결같은 근면한 자세

이븐 시나는 열다섯 살에 아리스토텔레스의 《형이상학》을 통째로 외웠지만 마흔 번을 읽어도 완벽하게 이해할 수 없었다. 그러다가 동네의 노천 시장에서 산 파라비(투르크계 이슬람 철학자로서 아리스토텔레스 철학을 아랍어로 옮겼음-옮긴이)가 쓴 《형이상학》의 주석서를 읽고 마침내 이해했다고 한다.

몸에서 분리되어도 영혼은 존재한다

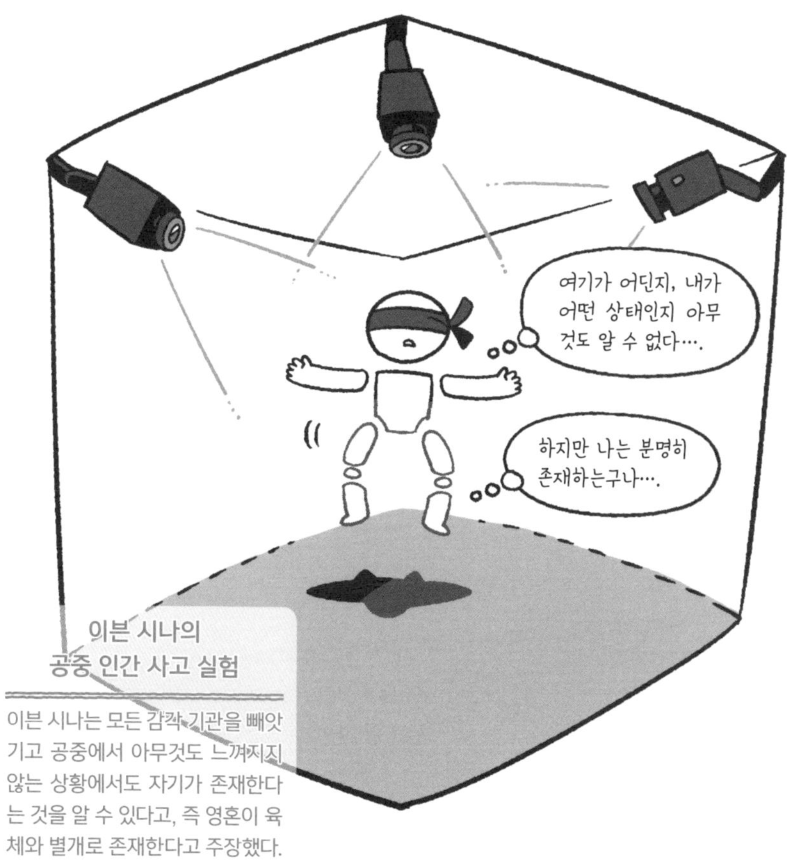

영혼과 육체의 구별을 나타낸 이븐 시나의 이론 중에서 특히 유명한 개념은 '**공중 인간**'이라는 예를 활용한 독자적인 존재론이다. 공중 인간이란 모든 감각 기관을 빼앗기고 아무것도 없는 공간에 떠 있는 인간을 말하는데, 이때 인간의 의식은 '적어도 내가 존재한다'는 것을 깨닫는다. 즉, 육체와 분리되어도 '**자기(영혼)**'는 존재한다. 이는 훗날 데카르트의 '나는 생각한다. 고로 존재한다'로 이어지는 이원론의 시작이었다.

KEY WORD | 경전(코란)

철학과 종교는 양립할 수 있다

By 아베로에스

아베로에스는 스페인의 코르도바에서 활약했으며, 이슬람 세계를 대표하는 철학자다. 본명인 이븐루시드Ibn Rushd라는 이름으로 아리스토텔레스의 저작을 아랍어로 옮기는 데 힘썼다. **십자군 전쟁 이후, 그의 번역서가 다시 라틴어로 번역되어 유럽에 역수입되었고 큰 반향을 불러일으켰다.** 그러면서 유럽에서는 그의 라틴어 이름인 아베로에스로 널리 알려졌다.

코란에 모순이 있는 것은 사실이다.
그 모순을 해결하기 위하여
철학과 철학자가 존재한다.

Averroës
아베로에스

1126~1198년
【사상】아라비아 아리스토텔레스주의
【지역】중세 스페인

로마 교황청이 금지한 아베로에스의 철학

아베로에스의 철학을 합리적으로 해석하면 결국 종교의 진리와 이성의 진리가 나뉘는 이원론으로 연결된다. 파리 대학에서 특히 이러한 경향이 강해지자 위험을 느낀 로마 교황청은 1270년 토마스 아퀴나스를 파견해 아베로에스주의 철학 강의를 금지했다.

코란의 오류를 정정하는 것이 철학이다

아베로에스는 아리스토텔레스 철학과 이슬람교의 융화를 시도했다. 그때 '**경전(코란)은 옳다. 그러나 일부에 오류가 있는 것도 사실**'이라고 주장했다. 그리고 그 오류를 정정하고 한층 깊은 진리에 도달하기 위해 철학이 필요하다고 말했다. 코란에도 오류가 있다는 아베로에스의 생각은 이슬람교도들에게는 끝내 배척되었지만, 14세기 유럽에서 다시금 라틴어로 번역되어 '후기 아베로에스주의자'라고 불리는 세력을 형성했다.

KEY WORD | 보편논쟁, 신학, 스콜라 철학

모든 것에 원인이 있다면 최초의 원인은 신이다

By 토마스 아퀴나스

토마스 아퀴나스는 기독교 교회와 수도원 부속 교육 기관에서 **스콜라 철학**을 연구했다. 당시 기독교 문화가 주를 이루었던 유럽에서는 이슬람권에서 계속 발전한 아리스토텔레스 철학이 십자군 원정 이후 역수입되면서 '기독교와 아리스토텔레스 철학 중 어느 쪽이 옳은가?'를 두고 '**보편논쟁**'이라는 토론이 일어났다.

철학이 모든 것의
원인과 결과를 탐구한다고 하더라도,
오직 신만이 지배하는 영역에는
도달할 수 없다.

Thomas Aquinas
토마스 아퀴나스

1225? ~1274년
【사상】기독교 아리스토텔레스주의
【지역】중세 이탈리아

냉철하고 침착한 '천사적 박사'

저서 《신학대전》으로 유명한 토마스 아퀴나스는 스콜라 철학을 대표하는 신학자다. 그의 성품은 매우 온화했지만 토론을 할 때는 냉철함과 침착함을 잃지 않았다. 그러한 모습 덕에 '스콜라 철학의 왕' 또는 '천사적 박사Doctor Angelius'로 불렸으며, 그 모습에 반한 사람도 많았다고 한다.

철학이 도달하지 못하는 범위를 다루는 신학

아리스토텔레스 철학은 만물이 원인과 결과의 연속으로 발생한다고 본다. 이에 대하여 아퀴나스는 '모든 것의 원인을 거슬러 올라간 끝에 최초의 원인은 무엇인가?'라는 질문으로 맞섰다. 이 **최초의 원인을 '신'이라고 규정한 것**이다. 그리고 철학이 이성으로 해명할 수 있는 범위만을 다루는 학문이라면 신학은 그보다 훨씬 높은 위치에서 이성을 뛰어넘은 범위를 깨닫는 것이라고 주장해 이후 **기독교의 우위를 확립**했다.

column no.02

철학은 문명의 수만큼 존재한다

철학사를 통해 철학을 배울 때, 교과서의 첫 페이지는 고대 그리스 시대인 경우가 많다. 'philosophy(철학)'라는 말이 '지혜를 사랑하다'라는 뜻의 고대 그리스어에서 유래했기 때문이다. 동양에서 '철학'이라는 단어를 처음 만든 사람은 일본 메이지 시대의 철학자 니시 아마네西周로, 당시에는 '희철학希哲學' 이라고 불렀다고 한다.

서점에서는 서양 철학과 달리 동양 철학을 대부분 하나의 카테고리로 묶는데, 한국 철학, 중국 철학, 일본 철학, 인도 철학을 모두 하나로 묶는 것은 옳지 않다는 의견도 많다. 모든 문명에는 저마다 인간과 세계를 인식하는 고유한 방식이 존재하고 고대부터 탐구가 이루어졌기 때문이다. 자연과 문화 풍토, 종교의 다양함만 보아도 이는 분명하다.

철학은 어떤 시대 배경과 사회에서 어떻게 인간을 이해하고 사람들을 이끌었을까. 동서양을 불문하는 이러한 탐구야말로 참된 철학이라고 말할 수 있을 것이다.

CHAPTER 03

근세 철학

근세는 인간성으로의 회귀가 유행하면서 철학이 생생하게 되살아난 시대다. 서양에서는 스타와도 같은 철학자들이 줄줄이 탄생하고, 인간의 의식과 존재를 향한 관심이 높아졌다.

마키아벨리
1469~1527
피코 델라미란돌라
1463~1494
몽테뉴
1533~1592
파스칼
1623~1662
홉스
1588~1679
데카르트
1596~1650
스피노자
1632~1677

근세의 철학자

흄
1711~1776
로크
1632~1704
버클리
1685~1753
베이컨
1561~1626
라이프니츠
1646~1716

CHAPTER 03 | 근세

르네상스기에 꽃피운 철학의 전성기

르네상스가 시작되고 종교 개혁이 일어나면서 이전까지 신의 가르침이 전부인 가치관 속에서 살아온 사람들 사이에서 휴머니즘 경향이 생겨났다. 고대 그리스와 로마에서 유래한 인간 중심의 문화가 눈 깜짝할 사이에 유럽 전체에 퍼졌고 철학 또한 생생하게 꽃피기 시작했다. 인간은 위대하다는 생각을 바탕으로 인간이 지닌 능력의 가능성과 '나'에 주목했다는 점이 이 시대의 특징이다. 철학이 오랫동안 추구한 '진리'는 저 멀고 높은 곳에 있는 것이 아니라 인간의 의식에서 결정된다는 인식이 사람들 사이에서 지지를 얻었다.

데카르트가 '나는 생각한다. 고로 존재한다'라며 '의식'의 존재를 발견하고 주체와 객체를 분리한 것은 엄청난 충격을 준 사건이었다. 이때부터 인간이 지닌 지식과 신, 선과 악 같은 관념이 주목받기 시작했다. 여기서 커다란 두 가지 흐름이 생겨났다. 하나는 데카르트와 스피노자, 라이프니츠로 대표되는 대륙 합리론이며, 이들은 사람이 태어날 때부터 '생득 관념'(선천적으로 인간 정신에 내재해 있는 관념-옮긴이)을 지니고 있다고 보았다. 이와는 반대로 베이컨과 로크, 흄 등의 영국 경험론자들은 사람이 경험을 통해 지식을 익힌다고 보았다.

핵심 철학 용어

KEY WORD

르네상스(Renaissance)

'재생', '부활'을 의미하는 프랑스어. 14세기 이탈리아에서 시작되어 15~16세기에는 서유럽 일대에 영향을 미친 문화의 개화기를 가리킨다. 봉건제에 대한 반발을 바탕으로 인간 중심의 학문과 예술을 자유롭게 추구하려는 풍조가 유행한 시기이다.

KEY WORD

경험

철학에서 말하는 경험은 여러 상황을 겪었다는 뜻이 아니라 시각, 청각 등의 감각을 통하여 지각한다는 뜻이다.

KEY WORD

회의주의

단순히 의심이 많다는 의미가 아니라 적극적인 단정을 피하고 보류하는 태도를 말한다.

KEY WORD

관념

어떤 말을 들었을 때 머릿속에 떠오르는 것 자체가 '관념'이다. '야구장'이라는 단어를 듣고 떠오르는 넓은 운동장의 이미지나 프로 야구, 메이저 리그 등 문자로 생각나는 모든 것이 관념이다.

사람은 동물도 신도 될 수 있다

By 피코 델라미란돌라

피코 델라미란돌라는 이탈리아 북부 미란돌라의 영주 가문에서 태어나 이탈리아 르네상스 시기에 활약한 철학자다. 이전까지 기독교의 힘이 막강했던 중세 유럽에서는 **자유의지를 죄를 낳는 '악의 일부'**로 여겼다. 그러나 르네상스가 시작되고 인간답고 자유로운 삶의 방식을 긍정하는 분위기가 퍼지면서 자유의지가 존중받기 시작했다.

인간은 자유로운 의지에 따라
자기 운명을 결정할 수 있다.
원한다면 동물이 될 수도 있고,
신에게 다가서는 일도 가능하다.

Giovanni Pico della Mirandola
조반니 피코 델라미란돌라

1463~1494년
【사상】인문주의
【지역】이탈리아

독살되어 장렬하게 죽음을 맞다

이단으로 몰려 붙잡힌 피코는 로렌초 데 메디치(르네상스기 이탈리아 피렌체 공화국의 지배자-옮긴이)의 도움을 받고 풀려났다. 하지만 그가 메디치 가문과 대립하던 사보나롤라(이탈리아의 종교 개혁가-옮긴이)와 가깝게 지내자 메디치 가문은 그를 독살했다. 당시 그의 나이는 서른한 살이었다.

자유의지를 획득한 인간의 선택지

피코 델라미란돌라는 르네상스 사상을 따라서 인간의 자유의지가 지닌 힘을 강조했다. 그는 **신이 만든 대부분의 피조물은 신의 통제 아래 살지만, 인간에게는 자유의지가 주어졌고, 그 자유의지에 따라 운명을 개척할 수 있다**고 말했다. 그래서 어떤 선택을 하느냐에 따라 욕망에 몸을 맡기고 동물로 전락할 수도, 운명을 개척해 신에게 다가설 수도 있다고 주장했다. 이러한 사상은 이탈리아에서 르네상스가 급격히 발전하는 토대가 되었다.

목적이 수단을 정당화한다

By 마키아벨리

마키아벨리즘은 목적을 위해서라면 수단을 가리지 않는 사상이라고 널리 알려져 있다. 이러한 생각은 이탈리아 사상가 마키아벨리에서 유래했다. 이탈리아반도에서 로마 교황령과 베네치아 공화국 등 여러 강국이 격전을 벌이던 혼란의 시기에 관료였던 그는 어느 날 허망하게 자리에서 물러났다. 실의에 빠진 마키아벨리는 새로운 관직에 오르기 위해 《**군주론**》을 집필했다.

선심을 쓰기만 해서는 살아갈 수 없다. 목적을 위해서라면 수단을 가리지 않고 냉혹해질 때도 필요하다.

Niccolò Machiavelli

니콜로 마키아벨리

1469~1527년

【사상】마키아벨리즘

【지역】이탈리아

이탈리아 문학사상 가장 유명하고 아름다운 편지

관직에서 물러나 한적한 생활을 하던 마키아벨리는 친구 프란체스코 베토리에게 편지를 부쳤다. 낮에는 농사를 짓거나 이웃과 내기를 하며 시간을 보내고, 밤에는 단벌옷을 갈아입고 독서를 하거나 《군주론》을 집필하고 있다는 내용이 편지에 담겨 있다.

무서운 군주가 되는 것이야말로 올바른 지배 방법

백성이 미워하지 않으면서도 두려워하는 왕이란?

폭정으로 백성의 반발을 사면 반란이 일어난다. 이때 핵심은 '자비는 깊되 용서는 없다'라는 것이다. 마키아벨리는 질서를 지키기 위해서라면 때로는 왕이 잔인한 수단을 선택할 필요도 있다고 보았다.

《군주론》은 백성에게 사랑을 받기보다 두려움을 주는 편이 안전하다거나, 민중의 머리를 쓰다듬을지 부서뜨릴지 한쪽을 선택하라는 등 여러 내용에서 보이는 냉혹함과 비인도적인 태도 때문에 많은 비판을 받기도 했다. 다만 선심을 쓰기만 해서는 살아남을 수 없다는 주장 등은 **동서고금을 막론한 공통의 리더십 요소**로 손꼽히기에, 보편적인 조직론·리더십 이론으로서 오늘날에도 널리 읽히고 있다.

KEY WORD | 크세주, 회의주의, 수상록

나는 무엇을 알고 있는가?

By 몽테뉴

몽테뉴는 프랑스의 신흥 귀족 출신 철학자로서 인간의 이상적인 삶이 무엇인지 평생에 걸쳐 연구했다. 한때 보르도의 시장으로 일하기도 했지만 서른여덟의 나이에 물러난 뒤 독서와 사색으로 세월을 보냈다. '**크세주**Que Sais Je(**나는 무엇을 알고 있는가?**)'는 그의 신조였으며, **회의주의** 관점에서 온갖 의문을 자신에게 던지며 인생의 철학을 글로 남겼다.

나는 무엇을 알고 있을까?
아무것도 모르는 것은 아닐까?

Michel Eyquem De Montaigne
미셸 에켐 드 몽테뉴

1533~1592년
【사상】인문주의
【지역】프랑스

'결혼은 새장과 같다'

몽테뉴의 저서 《수상록》에는 '결혼은 새장과 같다. 새장 밖에 있는 새는 어떻게든 들어가려고 애쓰지만, 안에 든 새는 어떻게든 나가려고 애쓴다'라는 구절이 있다. 몽테뉴는 사랑이라는 격렬한 감정은 자유에 해롭다고 여겨 싫어했다.

편견과 독단을 버리고 받아들인다

유럽과 신대륙에서 분쟁이 끊이지 않던 시대

16~17세기 무렵 콜럼버스가 발견한 신대륙에서는 스페인 사람들이 아메리카 원주민을 빈번하게 노예화하고 학살하는 한편, 유럽에서는 가톨릭과 프로테스탄트 기독교인 사이에서 분쟁이 벌어졌다.

신대륙을 발견한 스페인이 원주민을 약탈하고 그들의 문화를 탄압하는 동안, 유럽 본토에서는 종교 전쟁이 일어나 나라 안에서 기독교인끼리 다툼이 벌어졌다. 이러한 상황을 우려한 몽테뉴는 저서 《수상록》을 통해 **문화와 사상의 차이가 있더라도 독단과 편견을 버리고 중용을 지키는 것이 중요하다**고 주장했다. 《수상록》은 이후에 회의주의를 이끈 데카르트와 파스칼에게 큰 영향을 끼쳤다.

인간은 생각하는 갈대다

By 파스칼

프랑스 사상가인 파스칼은 **수학과 물리학에 공적을 남기며 과학자로 활약한 한편, 신앙심도 깊어** 서른한 살부터 수도원에 들어가 생활했다. 파스칼은 르네상스의 부흥으로 인해 피코 델라미란돌라가 주장한 '인간의 자유의지와 이성은 무한하고 만능'이라는 생각이 급격히 확산하자 위기감을 느꼈다.

인간은 갈대처럼 무력한 존재다.
하지만 생각하는 갈대다.
그 나약함을 이해할 필요가 있다.

Blaise Pascal
블레즈 파스칼

1623~1662년
【사상】얀선주의Jansenism
【지역】프랑스

조숙한 천재 파스칼

서른아홉 살에 병으로 사망한 파스칼은 열여섯 살에 '원뿔 곡선의 정리'를 발표하고 이후에도 유체 역학 법칙인 '파스칼의 정리'와 확률 이론을 발견하고 증명했다. 짧았던 생애에서 그가 거둔 과학자로서의 업적은 단지 취미였다고 한다.

인간의 상상력은 미약하고 영향을 받기 쉽다

상상력은 진리로 이어질 때도 있지만, 잘못을 불러올 때도 있다. 그 전형적인 예가 겉모습이다. 사람은 겉모습의 영향을 받고 잘못된 판단을 내린다.

03 근세

그래서 파스칼은 **인간은 생각하는 갈대**라고 말했다. 갈대는 벼와 비슷한 식물로서 바람이 부는 방향대로 누워버린다. 파스칼은 인간의 상상력을 이 갈대에 비유했다. 즉, 인간의 상상력(갈대)은 진리로 통하기도 하지만 거짓으로 나아가기도 하는데, 둘 중 하나를 선택하려는 의지는 외부에서 오는 힘(바람)에 쉽게 흔들릴 만큼 미약하다고 주장했다. 이처럼 인간의 나약한 의지를 강조하는 관점을 '**얀선주의**'라고 하며, 이후 프랑스를 중심으로 확대되었다.

KEY WORD | 기계론, 사회 계약설, 자연권, 만인의 만인에 대한 투쟁

권력은 민중의 계약을 관리한다

By 홉스

영국의 철학자이자 정치사상가인 홉스는 자연계의 다양한 현상을 인과 관계로 설명하는 '**기계론**'의 관점에서 '**사회 계약설**'을 주장했다. 홉스에 따르면, 인간은 자연 상태에서 자기의 욕구를 채우기 위해 행동하는 존재이며, 그렇게 행동할 권리가 '**자연권**'이다. 그러나 홉스는 자연권이 반드시 다툼을 낳는다고 보고 이를 '**만인의 만인에 대한 투쟁**'이라고 불렀다.

모든 인간은 자연 상태에서 싸운다.
따라서 서로 계약을 맺어야 하고,
절대적 힘을 지닌 국가가 필요하다.

Thomas Hobbes
토마스 홉스

1588~1679년
【사상】사회 계약설
【지역】잉글랜드

노래를 부르면 수명이 3년 늘어난다고 믿었다

소심한 성격인 홉스는 감기에 걸려 죽지는 않을까 걱정할 만큼 건강에 주의를 기울였다. 그런 그가 실천한 건강법은 '노래 부르기'였다. 특히 사람들이 잠든 한밤중에 노래를 불러서 집 밖으로 목소리가 새어나갔는데 노래 실력은 그다지 좋지 않았다고 한다.

절대 권력의 감시 아래 평화(?)를 지킨다

홉스가 주장한 '사회 계약설'은 자연권을 따르는 것이 아니라 개인 간의 계약을 통해 만들어진 절대적인 공권력으로 인간의 안전과 자유를 보장하는 법률을 정하여 좋은 사회를 만든다는 내용이다. 이전까지는 왕과 같은 권력자가 신에게 권한을 부여받았다는 '왕권신수설'을 바탕으로 국가가 성립했지만, **홉스는 국가의 구성을 논리적으로 파악**하고자 했다.

나는 생각한다, 고로 존재한다

By 데카르트

데카르트는 철학자인 동시에 뛰어난 수학자이기도 했다. 일반적으로 수학은 대전제가 되는 공리(예: 평행선은 절대 만나지 않는다)를 이용해 문제를 풀면 누구나 같은 해답에 이르게 마련이다. 데카르트는 이 시스템을 철학에 도입하기 위해 '**철학에서의 공리=의심할 수 없는 진실**'을 찾고자 했다. 그리하여 '**나는 생각한다, 고로 존재한다**cogito, ergo sum'라고 주장했다.

확신하지 못하는 나라는 존재가 있다는 것.
그것만은 확신할 수 있다.
이것을 출발점으로 삼자.

René Descartes
르네 데카르트

1596~1650년
【사상】대륙 합리론
【지역】프랑스

데카르트, 스톡홀름에서 눈을 감다

만년의 데카르트는 네덜란드에서 유유자적하며 지내고 있었다. 그러던 어느 날 데카르트에게 관심이 생긴 스웨덴 여왕이 그를 초대했다. 바쁜 여왕의 일정에 맞추어 데카르트는 한겨울 새벽 5시에 강의를 해야 했다. 이후 몸 상태가 나빠져 폐렴에 걸린 데카르트는 쉰셋의 나이에 세상을 떠났다.

모든 것을 의심한 끝에 무엇이 남을까?

데카르트는 공리를 발견하기 위해 모든 것을 의심하고 틀림없이 확실한 것을 찾고자 했다. 이러한 시도를 '**방법적 회의**'라고 한다. 방법적 회의를 통해 그는 주위의 모든 것, 심지어 자기의 육체마저 의심했다. 그러나 동시에 도저히 의심할 수 없는 것을 발견한다. 바로 '**모든 것을 의심하는 자의식**'의 존재였다. 데카르트가 이 자의식을 철학의 제1원리로 삼으면서 근대 철학이 빠르게 발전했다.

CHAPTER 03

근세

07

KEY WORD | 범신론

세계는 신 그 자체다

By 스피노자

데카르트는 의식과 육체가 따로 존재한다는 이원론을 주장했다. 이에 대해 네덜란드 철학자 스피노자는 **의식과 육체는 하나이며, 나아가 자연을 포함한 모든 것이 하나**라고 주장했다. 그는 인간과 주위 동식물과 환경도 전부 자연이고, 그 자체가 신이라고 설명했다. 이러한 관점을 '**범신론**'이라고 한다.

신은 세계를 창조하지 않았다.
신은 세계 그 자체다.

Baruch Spinoza

바뤼흐 스피노자

1632~1677년

【사상】대륙 합리론

【지역】네덜란드

검소한 일생, 고독한 최후

무신론자로 찍혀 유대교에서 파문당했던 스피노자. 그는 평생 혼자 살며 늘 부지런하고 검소하게 생활하다가 어느 날 다락방에서 쓸쓸히 숨을 거뒀다. 스피노자가 죽은 뒤 그의 동료들이 《유고집》을 펴냈지만 금서로 지정되었다.

나도, 그 사람도, 세계도 신의 일부다

그러나 당시 기독교에서는 신을 '인격이 있는 존재'로 보았다. 그래서 **신을 비인격적인 존재로 이해한 스피노자의 범신론은 무신론 또는 이단으로 취급되어 거센 비난을 받았다.** 이러한 반발 속에서 그는 교사 일과 렌즈 세공 일로 생계를 유지하며 평생 독신으로 철학에 헌신하는 외로운 삶을 보냈다. 훗날 그의 사상은 칸트와 니체에게 상당한 영향을 미쳤다.

KEY WORD | 모나드, 다원론, 예정 조화

모든 미래는 예정 조화

By 라이프니츠

라이프니츠는 독일의 철학자이자 수학자이면서 정치인과 외교관으로서도 뛰어난 능력을 발휘하는 등 다양한 분야에서 활약한 인물이다. 그는 물질이 원자로 이루어진 것처럼 **세계는 '모나드monade'라는 아주 작은 개념 단위로 이루어져 있다**고 주장했다. 모나드는 모나드끼리 조화를 이루며 세계를 구성한다.

이 세계는 우연히 만들어진 것이 아니라 신이 최선의 상태가 되도록 만든 것이다.

Gottfried Wilhelm Leibniz

고트프리트 빌헬름 라이프니츠

1646 ~ 1716년

【사상】 대륙 합리론

【지역】 독일

17세기에 컴퓨터의 원점을 제시하다

수학, 정치, 외교 등 다양한 분야에서 재능이 있었던 라이프니츠는 오늘날 컴퓨터 시스템의 근간인 이진법을 제시했다. 또한 오늘날의 컴퓨터와는 전혀 다른 모습의 최초의 계산기를 발명했다. 라이프니츠가 만든 계산기의 구조는 20세기 중반까지 활용되었다.

신이 프로그램으로 만든 존재, 모나드

라이프니츠의 이론은 데카르트의 '이원론'이나 스피노자의 '일원론'과 비교해 '**다원론**'이라고 한다. 모나드는 신이 미리 설계해 놓은 개체로서, 세계를 최선의 방향으로 이끈다. 라이프니츠는 세계가 창조되고 오늘날까지 인간이 발전해 온 역사는 전부 신이 만든 모나드에 따른 '**예정 조화**'의 결과라고 주장했다.

아는 것이 힘이다

By 베이컨

영국의 명문가에서 태어난 베이컨은 젊은 시절에 국회의원이 되고 대법관 자리에도 오르며 승승장구했지만 만년에는 철학을 연구하며 보냈다. 르네상스가 정착하고, 갈릴레오와 뉴턴의 활약으로 과학이 눈부신 발전을 이룬 이 시대에 그는 이성과 신앙에 치우치지 않고, **오감을 사용한 경험과 실험을 바탕으로 얻은 올바른 지식의 중요성을 강조하며 '아는 것이 힘**'이라고 설파했다.

경험과 실험을 통해
자연을 정복하는 것이야말로
생활을 풍요롭게 하는 의미 있는 일이다.

Francis Bacon
프랜시스 베이컨

1561~1626년
【사상】영국 경험론
【지역】영국

실험의 끝에 기다리고 있던 것은….

베이컨은 비리에 연루되어 공직에서 쫓겨났다. 만년에는 법률과 철학, 역사, 과학 등 여러 연구에 몰두했다. 그러나 그의 탐구심은 재앙으로 이어졌다. 어느 날 그는 닭의 배 속에 눈을 채우는 냉동 실험을 하다 감기에 걸렸고, 폐렴까지 얻어 그대로 사망했다.

올바른 지식 습득을 방해하는 네 가지 우상

경험을 거쳐 올바른 지식을 얻는 것을 방해하는 네 가지 심리적 편견

베이컨은 경험에 따라 올바른 지식을 획득하기까지 ①종족 ②동굴 ③시장 ④극장이라는 네 가지 우상이 존재한다고 보고, 이를 극복함으로써 지식을 획득할 수 있다고 말했다.

베이컨은 올바른 지식을 얻고자 할 때 방해가 되는 편견을 '**우상(이돌라**idola)'이라고 명명했다. 그리고 감각에 좌우되는 '**종족의 우상**', 개인의 경험만으로 사물을 판단하는 '**동굴의 우상**', 사회의 편견과 소문에 의한 '**시장의 우상**', 권위를 무조건 믿는 '**극장의 우상**' 등 네 가지로 열거했다. 이러한 베이컨의 이론은 이후 로크와 흄에게 계승되어 '영국 경험론'으로 발전했다.

KEY WORD | 백지 상태, 단순 관념, 복합 관념, 인식론

인간의 지성은 백지다

By 로크

'**지식은 모두 경험에서 얻는 것**'이라고 주장한 로크는 베이컨에 이어 영국 경험론을 대표하는 철학자다. 의사였던 로크는 갓난아기를 보며 인간은 태어나면서부터 도덕 관념을 지니고 있다고 말한 데카르트의 대륙 합리론에 의문을 느낀다. 그는 방금 태어난 인간은 '**백지(타불라 라사** tabula rasa**)**'며, 경험을 통해 후천적으로 지식을 얻는다고 주장했다.

인간의 지성은 본래 백지며,
경험을 거치면서 채워진다.

John Locke
존 로크

1632~1704년

【사상】영국 경험론

【지역】영국

옛 연인의 집에서 최후를 맞다

로크는 평생 독신이었지만 정치적 문제로 인해 네덜란드로 피신했다가 영국으로 귀국한 뒤에는 한 여성의 집에서 살았다. 10여 년 전에 로크의 연인이었던 이 여성은 그보다 스물여섯 살이나 어렸다. 그녀는 이미 다른 남성과 결혼했지만, 로크의 임종을 끝까지 지켰다.

경험으로 지식을 얻는 과정

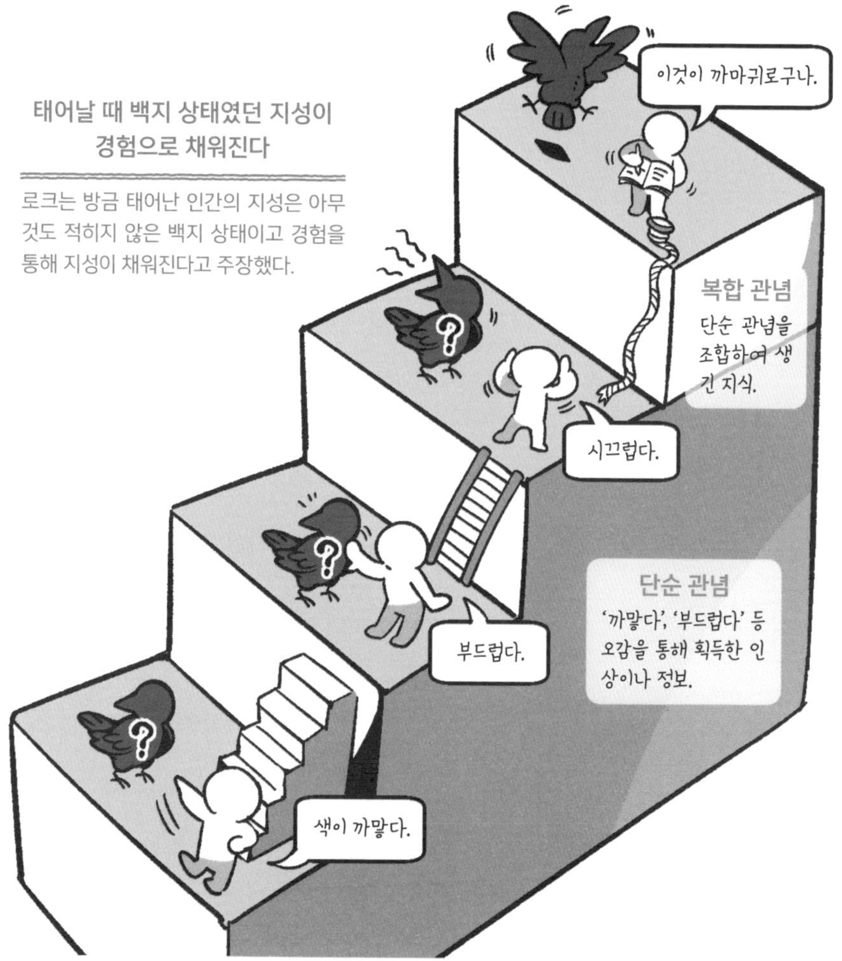

로크는 경험을 통해 의식이 획득하는 정보를 두 가지 종류로 나누었다. 하나는 '까맣다', '부드럽다', '시끄럽다'와 같이 오감에서 얻는 '**단순 관념**'이다. 다른 하나는 여러 단순 관념을 생각하고 조합하여 얻은 고도의 정보인 '**복합 관념**'(예시에서는 '까마귀')이다. 경험을 통해 인간이 어떻게 사물을 인식하는지 탐구하는 '**인식론**'은 로크의 철학으로 전환기를 맞이한다.

존재하는 것은 지각되는 것이다

By 버클리

버클리는 앞서 등장한 로크와 같이 영국의 경험론자로 분류되지만 접근 방식에는 차이가 있다. 로크가 ① 물체가 존재하기 때문에 ② 인간이 보거나 만지는 등 지각할 수 있다고 말한 데 비해 버클리는 ① 인간이 지각할 수 있다면 ② 그곳에 물체가 존재한다고 보았다. 즉, '**존재하기 때문에 보이는 것이 아니라, 보이기 때문에 존재할 수 있다**(존재하는 것은 지각되는 것)'고 보았다.

만물은 존재하기 때문에
보이는 것이 아니다.
보이므로 '존재 가능한 것'이다.

George Berkeley
조지 버클리

1685~1753년

【사상】영국 경험론

【지역】아일랜드

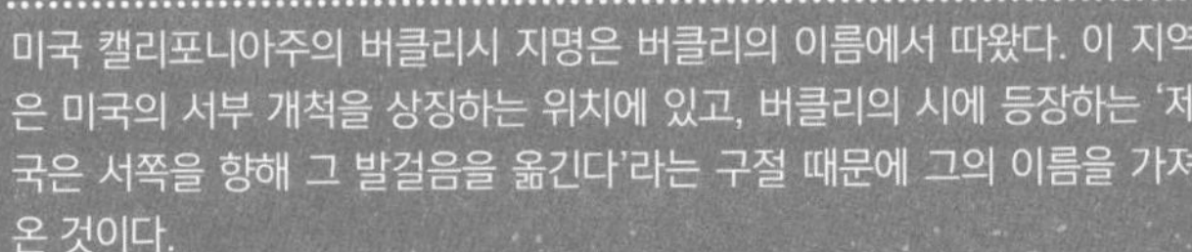

버클리의 이름을 딴 거리

미국 캘리포니아주의 버클리시 지명은 버클리의 이름에서 따왔다. 이 지역은 미국의 서부 개척을 상징하는 위치에 있고, 버클리의 시에 등장하는 '제국은 서쪽을 향해 그 발걸음을 옮긴다'라는 구절 때문에 그의 이름을 가져온 것이다.

눈에 보이지 않는 것은 존재하지 않을까?

버클리는 **모든 물체는 지각됨으로써(보임으로써) 지각자의 의식 내에서 존재할 수 있다**고 말했다. 지각되지 않을 때 물체는 존재하지 않느냐는 물음에 대해서는 **세계는 항상 '신'이 지각하고 있어서 계속 존재할 수 있다**고 보았다. 이 이론은 두 사람이 동시에 하나의 물체를 지각했을 때, 의식 안에서의 물체는 반드시 동일하지 않을 수도 있다는 주장으로 이어져 당시 지배적인 인식론에 큰 충격을 주었다.

인간은 지각의 묶음이다

By 흄

스코틀랜드 출신 철학자이자 역사학자인 흄은 로크, 버클리가 이끈 영국 경험론을 독자적으로 발전시켰다. 앞서 버클리는 '지각되지 않은 물체'의 존재를 부정했지만, '물체를 지각하는 인간'의 존재는 의심하지 않았다. 흄은 **지각하는 '인간 그 자체'도 의심**했다.

지금 이 순간
지각의 묶음이 인간이다.

David Hume
데이비드 흄

1711~1776년
【사상】영국 경험론
【지역】스코틀랜드

고집 센 루소와의 관계

시기심과 의심이 유난스러웠던 루소는 파리의 철학자들에게 미움을 샀다. 하지만 흄은 루소에게 반해 그를 영국에 데리고 가서 살 집과 돈을 마련해 주었다. 그러나 영국에서도 비판을 받은 루소가 흄을 의심하면서 두 사람은 멀어졌다.

지각하는 '나' 자신의 실체도 존재하지 않는다?

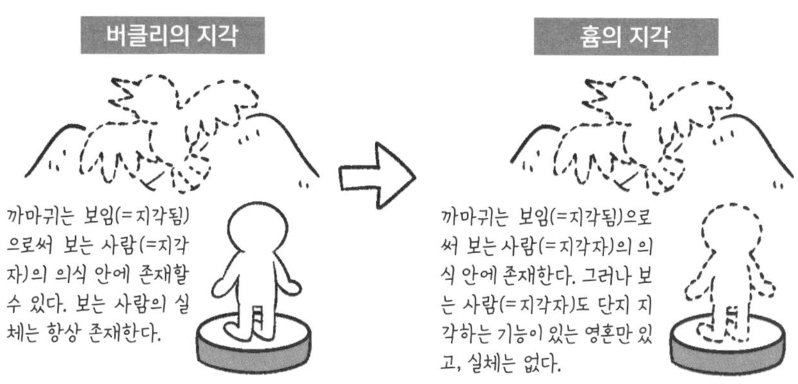

인간은 존재하지 않는, 그저 지각의 묶음에 지나지 않는가?

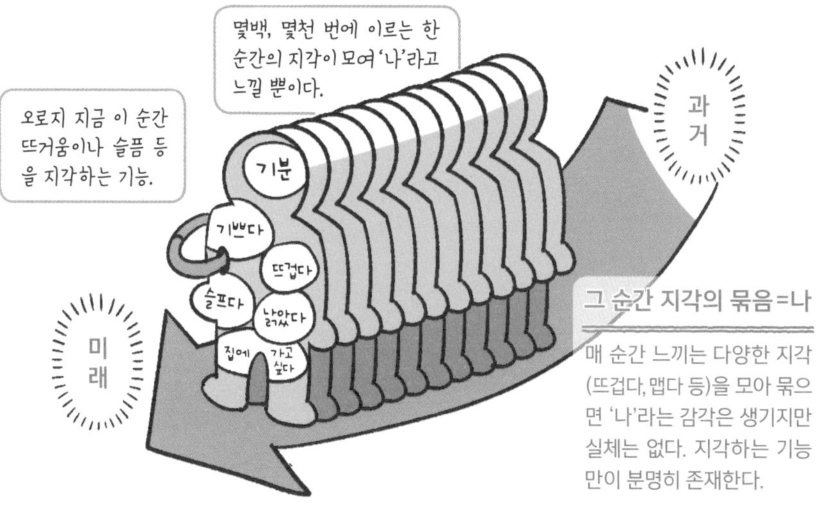

그 순간 지각의 묶음=나

매 순간 느끼는 다양한 지각(뜨겁다, 맵다 등)을 모아 묶으면 '나'라는 감각은 생기지만 실체는 없다. 지각하는 기능만이 분명히 존재한다.

흄은 '**인간은 지각의 묶음**'이라는 이론을 내세웠다. 우리는 지금도 매 순간 방이 덥다든지 허리가 아프다든지 옆집이 시끄럽다든지 하는 일정한 감각(지각)을 계속 느낀다. 그래서 흄은 **인간이란 이러한 순간의 감각이 모인 묶음일 뿐이며, 나라는 실체는 존재하지 않는다**고 주장했다. 흄의 이론은 '모든 것을 의심하는 나는 틀림없이 존재한다'라고 주장해 당시 지지를 얻었던 데카르트의 이론을 위협하며 철학계에 '회의주의'라는 커다란 흐름을 만들었다.

column no.03

철학자들의 독특한 습관

철학자 중에는 독특한 습관을 지닌 사람이 많다. 칸트는 매일 규칙적인 생활을 해서 동네 사람들은 칸트가 산책하는 시간을 보고 시계를 바로 맞출 정도였다고 한다. 이는 그가 행동의 원칙이야말로 성격을 이루는 핵심이라고 믿었기 때문이다. 그런데 칸트가 아침에 담배를 딱 한 모금만 피우겠다고 정했는데 담배 파이프가 매년 커졌다는 우스운 이야기도 있다.

프로이트도 점심을 먹고 난 뒤 항상 산책을 했다. 다만 그의 아들이 증언한 바에 따르면 프로이트는 여유를 즐기기보다는 부리나케 걷기 바빴다고 한다. 반대로 데카르트는 한가로이 산책을 즐기는 사람이었다. 그는 전형적인 늦잠꾸러기여서 매일 대낮까지 자는 게 일상이었다. 그러던 데카르트가 스웨덴 여왕으로부터 초대를 받아 혹독하게 추운 스웨덴에서 새벽 5시부터 강의를 하게 되었다. 급변한 환경이 불행을 가져왔는지, 데카르트는 생활 패턴이 바뀐 지 불과 한 달 만에 병으로 몸져누워 열흘 뒤 세상을 떠났다. 이처럼 독특한 철학자들의 습관에서는 역시 철학자다움이 느껴진다.

CHAPTER

04

근대 철학

근대에는 사회 구조와 종교관이 변화하면서 철학에도 새로운 발견이 이루어졌다. 전 세계가 전쟁으로 치닫는 가운데 인간과 세계에 대한 이해가 깊어졌다.

벤담
1748~1832
볼테르
1694~1778
루소
1712~1778
칸트
1724~1804

근대의 철학자
헤겔
1770~1831
쇼펜하우어
1788~1860
피히테
1762~1814

CHAPTER 04 | 근대

철학의 중심이 독일로 이동하고 인간의 가능성이 넓어진 시대

근대 유럽에서는 시민 혁명과 산업 혁명이 일어나면서 르네상스기를 뛰어넘는 격동의 시대가 열린다. 당시 후진국이었던 독일에서는 독일 관념론이라는 철학이 꽃피기 시작한다.

처음 그 불을 지핀 사람은 칸트다. 그는 대륙 합리론과 영국 경험론을 통합하고 나아가 인간의 인식을 대단히 제한적으로 보는 '물자체' 개념을 발표한다. 칸트에서 시작된 독일 관념론은 피히테와 셸링을 거쳐 한층 세련되게 발전하고 헤겔에 이르러 완성되었다. '변증법'은 헤겔의 이론 중 가장 유명하다.

헤겔은 사고 영역뿐만 아니라 세상의 모든 것이 발전하기 위해서 변증법이 필요하다고 생각했다. 그는 변증법을 이용함으로써 인간이 지식의 최고 단계인 '절대지絶對知'에 이를 수 있으며, 이성은 만능이라고 주장했다. 중세 초기에 사회를 지배하던 종교와 신의 그림자는 어느덧 사라지고, 자신의 힘으로 길을 여는 주체적인 존재로 인간을 바라보는 시각이 잘 드러난다.

핵심 철학 용어

KEY WORD

공리주의

영국의 철학자 벤담이 주장한 관점으로 행동의 이유로서 쾌락과 행복을 중시한다. 법을 제정할 때도 그것이 가져올 행복을 신중하게 고려해야 한다고 주장했다.

KEY WORD

물자체

칸트가 주장한 개념 중 하나. 모든 것은 인간의 감각 기관이 인식함으로써 무엇이라고 정의된다. 물자체는 '인간이 인식하고 정의하기 이전의 상태'로서 인간이 이해할 수 없다.

KEY WORD

아우프헤벤(Aufheben)

'지양止揚'이라고도 하며 두 개의 대립하는 모순을 해결하는 행위를 말한다. 대립하는 한쪽을 '테제These', 다른 한쪽을 '안티테제Antithese'라고 부르고 양쪽을 통합한 것이 '아우프헤벤'이다.

KEY WORD

페시미즘(pessimism)

염세주의를 가리킨다. 독일 철학자 쇼펜하우어는 인간이 남을 밀어내서라도 살아남으려 하는 의지가 있는 한 사람들 사이의 다툼은 사라지지 않는다며 페시미즘을 전개했다.

최대 다수의 최대 행복

By 벤담

벤담은 영국의 철학자이자 법학자로 변호사 자격을 취득하고도 법조계로 진출하지 않았다. 그보다는 법과 사회를 발전시키기 위한 저술 활동을 열심히 했다. 그는 **독자적인 계산법으로 사람의 쾌락(행복도)을 계산하여 합계 점수가 높을수록 행복한 사회**라고 주장했다. 이 계산법은 신분에 관계없이 모든 사람을 동등하게 셈한다는 점에서 **민주주의로 이어진 사상으로 평가**받았다.

가장 많은 사람이 가장 행복해지는 것,
그것이 입법의 기본이다.

Jeremy Bentham
제러미 벤담

1748 ~ 1832년
【사상】 공리주의
【지역】 영국

명문대 옥스퍼드는 따분했다

열두 살에 옥스퍼드 대학에 들어간 벤담은 저서에서 옥스퍼드는 학문이 불가능한 곳이라며 혹평했다. 그는 옥스퍼드의 생활이 무척 지루했던 모양이다. 또한 옥스퍼드에서 보낸 시간이 자신의 인생에서 가장 큰 낭비였다고 밝히기도 했다.

행복도가 높은 사회란?

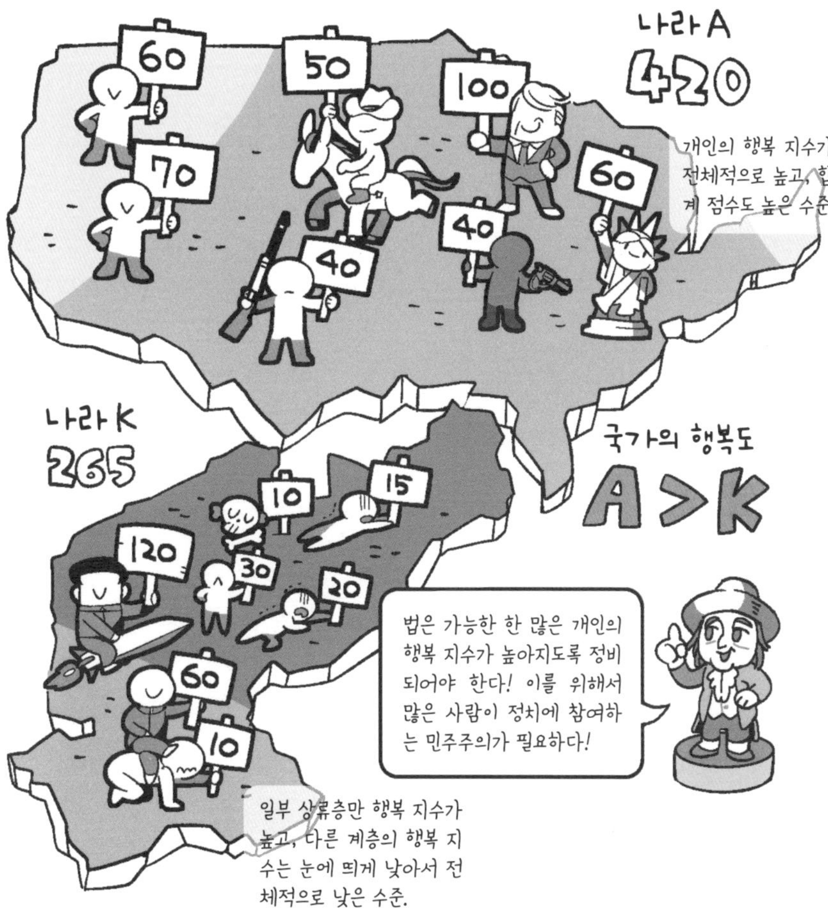

벤담은 개인이 생활에서 추구하는 것은 '행복'이며, 입법은 될 수 있는 한 많은 사람에게 최대한의 행복을 가져다주는 방향을 기준으로 이루어져야 한다고 보았다. 이것이 '**최대 다수의 최대 행복**'이라는 관점이다. 행위가 사람의 쾌락과 이어지면 선, 고통으로 이어지면 악이라고 보고, 선악의 기준을 결과로 발생하는 효용에서 찾는 관점을 '**공리주의**'라고 한다.

어떤 관념이나 이론도 의심할 여지가 있다

By 볼테르

볼테르는 18세기 프랑스를 대표하는 사상가로서 사회 사상사에서 18세기는 '**볼테르의 세기**'라고도 말해진다. 정치를 풍자하는 글을 발표해 감옥에 수감되었던 그는 명예혁명 이후 입헌 군주제가 수립되고 정당 정치가 이루어지던 영국으로 건너간다. 그리고 **절대 왕정이 군림하던 프랑스와는 비교할 수 없이 자유로운 분위기에 자극을 받고 귀국한 뒤, 프랑스 정치와 사회를 비판하는 책을 출간**하였다.

모든 이론이나 사실은 개정과 수정을 거쳐 오늘날에 이른다. 즉, 확실한 것은 존재하지 않는다.

Voltaire
볼테르

1694~1778년
【사상】이신론
【지역】프랑스

프랑스에서 가장 위험한 백과사전

볼테르는 《백과전서》(1751년부터 1780년까지 프랑스에서 간행된 35권의 백과사전-옮긴이)의 주요 집필자였다. 이 책은 원래 르네상스 이후의 과학 기술 등을 정리한 영국 백과사전을 번역한 것이다. 그러나 계몽사상을 적극적으로 도입해 당시 프랑스 국왕에게는 가장 위험한 도서로 여겨졌다.

당연하다고 생각한 일도 의심해야 하는 법

당연하게 여긴 습관도 한 번은 의심해 볼 여지가 있다

당연하게 존재하는 습관이나 이론조차도 언젠가 개정이나 수정을 거친 것이다. 때문에 오늘날의 상식도 한 번은 의심해 보아야 한다.

04 근대

당시 사람들은 '모든 사물이 왜, 어떻게 존재하는가'라는 의문에 대해 교회의 설명에만 의존했다. 그러나 볼테르는 **역사적으로 어떠한 사실이나 이론도 어느 시점에서는 개정을 거친다**고 주장했다. 따라서 **습관이나 기정사실화된 일도 다시 자신의 머리로 의심할 여지가 있다**고 생각했다. 권위에 강요당한 습관을 의심하는 사상(**이신론**理神論)은 그의 사후에 일어난 프랑스 혁명으로 이어진다.

KEY WORD | 자연으로 돌아가라, 일반 의지, 사회 계약론

자연으로 돌아가라

By 루소

프랑스에서 태어난 루소는 계몽사상가이자 철학자이면서 작곡과 극작 등에도 밝았다. 그는 **공적 권력이 없는 자연 상태야말로 인간 본연의 모습**이라고 생각하며 '**자연으로 돌아가라**'고 주장했다. 법과 사회는 계약을 통해 만들어진 것이며 그가 보기에는 강자의 논리로 성립한 것이었다. **따라서 인간의 원점으로 돌아가 공공의 이익을 추구하는 마음, 즉 '일반 의지'를 서로 확인하자**고 주장했다.

인간은 태어날 때부터 자유롭지만 '지배'라는 사슬에 묶여 있다. 본래의 모습을 되찾기 위해 자연으로 돌아가야 한다.

Jean Jacques Rousseau

장 자크 루소

1712 ~ 1778년

【사상】 사회 계약론

【지역】 프랑스

변태 성욕자로 유명했던 루소

루소는 어린 시절 여성에게 체벌을 당한 일을 계기로 피학 성애에 눈을 떴다. 그는 자신의 저서에서 '여성의 발밑에 무릎을 꿇고, 용서를 빌 때 가장 큰 쾌락을 느꼈다'고 밝힐 정도로 확고한 변태였음을 알 수 있다. 게다가 노출광이기도 해서 경찰에 여러 번 연행되기도 했다.

모든 사람이 평등한 권리로 이익을 추구하는 '일반 의지'

일방적 지배가 사람들을 사슬로 얽매고 있다

루소는 귀족이나 군주, 교회의 지배를 따르는 것이 아니라, 통치 업무에 시민 모두가 참여하는 민주주의를 주장했다.

이러한 루소의 사상을 잘 담은 책이 《**사회 계약론**》이다. 그는 이 책에서 공동체의 사안을 다 같이 의논하는 직접 민주제의 실현을 이상으로 제시했다. 루소는 국가나 사회 이전에 인간의 자유가 있고, **국가는 일반 의지를 바탕으로 성립해야 한다**고 설명했다. 이러한 일반 의지 개념은 프랑스 혁명에도 커다란 영향을 끼쳤다.

KEY WORD | 아 프리오리

인간에게는 아 프리오리*라는 기능이 존재한다

By 칸트

*아 프리오리: 라틴어로 '먼저'라는 뜻으로, 경험에 앞서 있고 경험과 무관하게 독립적으로 이루어지는 인식-옮긴이

칸트는 독일의 철학자다. 인간에게는 선천적으로 타고난 감각과 의식인 생득 관념이 있다는 대륙 합리론과 인간은 경험에 따라 후천적으로 지식을 익힌다는 영국 경험론을 합친 철학을 통해 **철학에서 '진리'의 지위를 뒤바꾼 인물**로 알려져 있다. 기존의 감각과 발상이 180도 바뀐다는 의미로 '**코페르니쿠스적 전환**'이라는 단어를 만든 사람 역시 칸트였다.

각자 다른 경험을 한 사람들이 같은 가치관이나 결론에 이르는 까닭은 경험을 이해하는 형식이 같기 때문이다.

Immanuel Kant

임마누엘 칸트

1724~1804년

【사상】비판 철학

【지역】독일

사상도 성격도 빈틈이 없던 칸트

올곧은 사상을 내세운 칸트는 성격도 아주 착실했다. 그는 이른 아침에 일어나 오전 중에는 대학에서 강의를 했다. 집에 돌아온 뒤에는 산책에 나섰다. 일과 시간이 매우 정확했기 때문에 칸트가 산책하러 갈 때 지나가는 이웃집 사람들은 그의 모습을 보고 시곗바늘을 고쳤다고 한다.

인간의 공통된 경험 방식이란?

모든 인간은 시간과 공간을 통해 경험한다

'푸딩이 있다는 것을 안다'라는 경험이 시간상으로는 '어제', 공간상으로는 '냉장고 안'인 것처럼 인간은 반드시 '어디쯤의 공간, 언제쯤의 시간'이라는 공통된 형식으로 경험을 받아들인다.

칸트는 우선 지식과 개념이 경험에서 생겨난 것으로 보는 영국 경험론에 의문을 품는다. 사람이 각자 다른 경험을 하는데도 어떻게 수학과 기하학처럼 같은 결론에 이르는 학문이 존재하는지 의문이 들었기 때문이다. 그리하여 칸트는 '인간은 분명히 경험에서 지식을 얻지만, 지식을 받아들일 때 공통된 방식이 있으며, 이를 **아 프리오리**a priori라고 정의했다.

인간은 물자체에 도달할 수 없다

By 칸트

인간은 필터를 거쳐서만 사물을 볼 수 있다

인간의 감각 기관이 파악한 정보가 모든 사물을 만든다

인간의 감각기가 필터를 거치면 특정한 사람으로 보여도 실제 물자체는 전혀 다른 존재일 수 있다. 하지만 인간은 그러한 물자체를 절대 인지할 수 없다.

칸트는 인간에게 마치 필터처럼 공통된 경험을 받아들이는 방식이 있다면, **인간이라는 종種만의 보편적인 진리가 존재할 수 있다**고 주장했다. 그러나 동시에 **인간은 모든 세계를 인간의 필터로만 인식할 수 있다**고도 말했다. 다시 말해, 인지의 필터를 거치기 전의 상태인 '물자체'를 보는 것은 절대로 불가능하다고 생각했다.

CHAPTER 04

근대

06

대상은 인식에 따라 정의된다

By 칸트

생각을 180도 바꾸는 코페르니쿠스적 전환이란?

기존의 인지 방식(인지가 대상을 따른다)

칸트가 주장한 인지 방식(대상이 인지를 따른다)

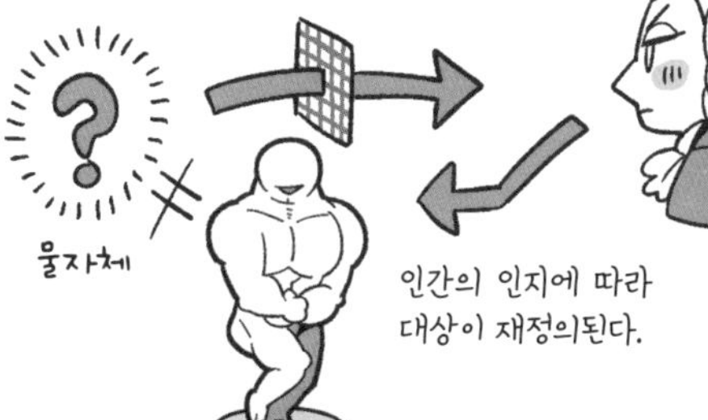

인지 방식에 대해 이전과 180도 다른 발상을 한 칸트

대상이 먼저 존재하고 그것을 인간이 인지하는 것이 아니라, 인간이 먼저 인지한 뒤에 그것을 정의함으로써 대상이 존재한다고 하는 칸트의 주장은 역발상(코페르니쿠스적 전환)이었다.

칸트는 인간이 '물자체'를 인지할 수 없다고 주장했다. 이는 바꿔 말하면 '모든 것은 인간의 인지에 따라 정의된다'라는 결론으로 이어졌다. 즉, **'물자체'의 본래 모습이 아무리 달라도 인간이 인지하는 방식대로, 어떤 식으로든 왜곡돼서 결정된다**는 것이다. 대상(물자체)이 먼저 있고 그것을 인간이 인지한다고 본 기존의 생각과 정반대인 칸트의 '**코페르니쿠스적 전환**' 같은 발상은 철학계에 큰 화두를 던졌다.

KEY WORD | 사행

자아는 스스로 어떤 존재인지 드러낸다

By 피히테

독일에서 태어난 피히테는 칸트의 영향을 받은 독일 관념론 철학자다. 그가 철학에서 다룬 분야는 '자아'의 역할이었다. 그렇다면 자아란 대체 무엇일까? 피히테가 말하는 자아는 행동의 주체, 즉 원동력이다. 또한 자아가 행동하는 목적은 **'나라는 존재'를 주장**하기 위함이다. 이것을 설명하기 위해 피히테는 '**사행**事行'이라는 용어를 만들었다.

자아는 자신이 존재한다는 사실을 행동으로 주장한다.

Johann Gottlieb Fichte

요한 고틀리프 피히테

1762~1814년

【사상】독일 관념론

【지역】독일

가난하지만 천재성을 보인 유년기

피히테는 어려운 형편 탓에 학교에 다니지 못했지만 기억력이 남다르고 총명했다. 어느 날 마을을 찾은 한 남작이 유명한 목사의 설교를 들으려 했는데 시간이 맞지 않았다. 그는 마을 사람의 추천으로 피히테를 대신 불렀다. 그 자리에서 피히테는 기억력과 이해력을 발휘해 목사의 설교를 똑같이 재현했다.

인간은 행위를 통해 자아의 존재를 드러낸다

사행은 **'나라는 인간을 주장하는 행위'**와 **'그 행동의 결과로 생긴 사실'**이 **연결되어 동일해진 구조**를 말한다. 자아는 '나'를 계속 주장(행위)함으로써 존재하기 때문에 마치 끊임없이 페달을 밟지 않으면 쓰러지는 자전거와 같다. 자아를 따라 행동해야 한다는 피히테의 주장은 나폴레옹의 지배하에 있던 독일 베를린 사람들에게 널리 퍼져 독일인의 내셔널리즘을 일깨우는 데 지대한 영향을 끼쳤다.

KEY WORD | 변증법, 테제, 안티테제, 아우프헤벤, 진테제

모든 현실은 역사적 과정이다

By 헤겔

독일의 철학자 헤겔은 독일 관념론을 크게 발전시킨 인물로 알려져 있다. 독일 관념론의 거장 칸트는 인간에게 보편적 진리가 존재한다고 말했지만, 그 진리에 이르는 구체적인 방법을 제시하지는 않았다. 이에 헤겔은 **많은 사물의 대립 속에서 보편적 진리를 도출하는 '변증법'**을 제시했다.

인간의 역사는 대립과 통합을 거쳐 절대적인 진리를 추구해 왔다.

Georg Hegel

게오르크 헤겔

1770~1831년

【사상】관념론

【지역】독일

매정한 인간관계?

헤겔에게는 같은 고향 출신의 친구 셸링(독일 관념론 철학자-옮긴이)이 있었다. 한때 두 사람은 함께 철학 잡지를 만들던 돈독한 사이였지만, 잡지를 낸 지 5년 뒤 헤겔이 대표작 《정신현상학》의 서문에서 셸링을 모욕하는 글을 써서 두 사람의 관계가 끝나고 말았다.

대립과 통합을 반복하는 변증법이란?

변증법은 대립하는 의견을 서로 부딪쳐서 통합하고 더욱 고차원의 의견으로 승화시키는 것이다. 우선 전제가 되는 하나의 의견인 정正, '**테제**These'가 있고 그에 맞서는 반대 의견인 반反, '**안티테제**Antithese'가 있다. 이 양자를 대립시키고 통합하는 행위를 지양止揚, '**아우프헤벤**Aufheben'이라고 하며, 이에 따라 도출된 고차원의 결론을 합合, '**진테제**Synthese'라고 한다. 헤겔은 변증법을 역사에도 적용해 대립이 있어도 지양을 반복함으로써 더 나은 미래를 만들 수 있다고 주장했다.

KEY WORD | 페시미즘(염세주의), 맹목적 의지, 생철학

인생은 피할 수 없는 고통으로 가득 차 있다

By 쇼펜하우어

독일 출신의 철학자 쇼펜하우어는 '**페시미즘**pessimism**(염세주의)**'이라는 독특한 사상의 소유자였다. 헤겔이 역사에서 의미를 발견한 것과 달리, 쇼펜하우어는 역사의 흐름에는 의미가 없고, 역사는 인간이 살아남고자 하는 맹목적인 의지에 따라 이어진 것이라고 주장했다. 그는 이 **맹목적 의지가 끊이지 않는 다툼과 욕망을 낳는다**고 보았다.

인간은 부조리하고 맹목적인 의지 때문에 고뇌와 불안으로 가득한 나날을 보내는 것이다.

Arthur Schopenhauer
아르투어 쇼펜하우어

1788 ~1860년
【사상】생철학
【지역】독일

베를린 대학에서 열린 단 한 번의 강의

1820년에 베를린 대학의 강사가 된 쇼펜하우어는 당시 가장 인기 있던 헤겔의 강의와 같은 시간에 강의를 개설했다. 하지만 수강생은 고작 8명뿐이었다. 자존심이 센 그는 반 년 만에 사직했는데, 이것이 그의 처음이자 마지막 강의였다.

아무리 세계가 바뀌어도 고통은 사라지지 않는다

쇼펜하우어에 따르면 이 맹목적 의지는 '남을 밀어내서라도 살고 싶다'라는 한없는 충동으로서, 이 때문에 인간의 지식과 기술이 발전해 사회 전체가 변화해도 개인의 다툼과 욕망에 따른 고통은 영원히 지속된다. 그런 가운데 쇼펜하우어는 문학이나 음악 등 예술에 심취하는 것만이 맹목적인 의지에서 잠시 도피할 방법이라고 말했다. 이것이 '**생生철학**'의 출발이며, 이후 니체에 이르러 더욱 발전한다.

column no.04

일할 때 써먹는

변증법

직장에서든 사생활에서든 인생에는 다양한 문제가 발생한다. 상반된 두 가지 문제가 있고 어느 쪽도 포기할 수 없는 상황이다. A가 하는 말도, B가 하는 말도 옳다. 그럴 때 편리한 것이 헤겔이 주장한 '변증법'이다. 변증법은 두 가지 대립하는 것이 있을 때, 어느 쪽도 버리지 않고 발전시켜서 더 높은 단계에 오르고자 할 때 쓰인다.

헤겔은 자연과 사회의 모든 것을 변증법으로 해결하거나 설명할 수 있다고 생각했다. 어떤 것이라도 어두운 면은 존재하지만, 그럼에도 꿋꿋하게 이 세상에 존재한다. 그렇다면 어떤 문제라도 해결할 수 있다고 본 것이다.

변증법은 소크라테스 시대부터 있었지만, 당시에는 상대방을 논리로 격파하는 방법에 지나지 않았다. 그 또한 즐거울지 모르나, 현대인이라면 역시 헤겔처럼 생산적인 수단으로 변증법을 활용해 보면 어떨까.

CHAPTER

05

현대 철학 1

산업 혁명 이후 빈부 격차가 벌어지고, 곳곳에서 전쟁의 불씨가 타오른 가운데 인류는 새로운 가치관과 다양성을 인정하고 더 나은 삶을 위한 철학을 추구하였다.

밀
1806~1873
키르케고르
1813~1855
마르크스
1818~1883
제임스
1842~1910
니체
1844~1900
듀이
1859~1952
프로이트
1856~1939
융
1875~1961

현대의 철학자 1

보부아르
1908~1986
카뮈
1913~1960
메를로 퐁티
1908~1961
사르트르
1905~1980
하이데거
1889~1976
비트겐슈타인
1889~1951
후설
1859~1938
야스퍼스
1883~1969

신의 죽음, 무의식의 발견, 그리고 전쟁이 철학에 영향을 끼치다

19세기부터 20세기 중반까지 현대 철학에서는 근대 철학을 부정하는 움직임이 활발해졌다. 산업 혁명 이후 신앙의 토대가 흔들리고 니힐리즘이 만연하리라고 예측한 니체는 '신은 죽었다'라고 선언했다. 프로이트는 '무의식'을 발견함으로써 그간 '나'라는 의식에서 도달하는 진리에 주목한 근세 철학을 송두리째 뒤흔들었다. 누구에게나 공통된 일반적 진리가 아닌 저마다 각자의 진리를 탐구하고 주체적으로 살아가기를 희망하는 '실존주의'는 키르케고르와 하이데거, 사르트르와 같은 시대를 선도한 철학자들의 지지를 받았다.

또한 이 시기에는 제1차 세계대전과 제2차 세계대전이 일어나 철학자들에게도 전쟁의 그늘이 드리웠다. 러셀은 제1차 세계대전 당시 전쟁 반대를 외치다 투옥되었고, 그의 제자인 비트겐슈타인은 전쟁의 최전선에서 삶과 죽음을 오가는 경험을 통해 자신의 철학에 새로운 경지를 열었다. 후설은 유대계라는 이유로 박해를 당한 반면, 하이데거는 나치에 입당한 뒤 지지를 선언해 전후에 거센 비판을 받았다. 사르트르는 전쟁이 끝난 뒤에도 오랫동안 반전 운동을 계속했다.

핵심 철학 용어

KEY WORD

실존주의

예로부터 철학에서 탐구한 보편적 진리가 아닌 '나에게 진리가 되는 진리'라는 주체적 진리를 탐구하는 관점. 키르케고르 계열의 유신론적 실존주의와 사르트르 계열의 무신론적 실존주의로 나뉜다.

KEY WORD

프래그머티즘(pragmatism)

퍼스가 제창한 철학. 사물의 개념은 효과에 따라 결정되며 유용하면 진리가 된다. 이 철학을 계승한 제임스는 실용주의를, 듀이는 도구주의를 내세웠다.

KEY WORD

무의식/집단 무의식

무의식은 이성으로는 통제할 수 없는 의식으로 프로이트가 발견했다. 융이 주장한 집단 무의식은 개인의 경험에서 비롯된 무의식보다 더욱 깊숙한 내면에 존재하는 전 인류의 공통된 이미지를 가리킨다.

KEY WORD

에포케(epoche)

보류, 중지를 의미하는 그리스어로 철학에서는 단정을 피하고 판단을 미룬다는 의미로 사용된다.

KEY WORD | 자유주의

만족한 돼지보다 불만족한 인간이 낫다

By 밀

영국의 철학자 밀은 저서《자유론》으로 '**자유주의**'에 커다란 영향을 미쳤다. 처음에 밀은 쾌락을 계산해 행복을 가시화한 벤담의 공리주의에 몰두했으나, 이후에는 질적 공리주의를 주장했다. 즉, 벤담이 신체적 쾌락의 '양'을 중시한 것에 비해 밀은 **정신적 쾌락의 '질'을 중시**했다.

사람은 육체의 만족만으로 행복해질 수 없다. 지성으로 살며 자유를 느끼는 것이야말로 행복이다.

John Stuart Mill
존 스튜어트 밀

1806~1873년
【사상】공리주의
【지역】영국

스물한 살에 찾아온 '정신의 위기'

토론회 출석 등 격무에 시달리는 나날을 보내던 밀은 어느 날, 자신의 개혁이 전부 실현된다고 할지라도 행복할 수 없음을 분명하게 깨달았다. 그는 허무한 기분과 무력감 때문에 우울함에 빠져 지냈으며, 이 상태를 이후 저서에서 '정신의 위기'라고 묘사했다.

쾌락의 양은 동일하더라도 질은 다를 수 있다

벤담은 모든 사람의 양적 쾌락을 늘리려고 했지만, 그것만으로는 '질 낮은 쾌락'에 만족하는 인간(=돼지)이 늘어난다. 밀은 **지성과 도덕관을 기르는 정신적이고 질 높은 쾌락이 필요하다**고 보고, 교육의 중요성을 강조했다. 그리고 사회 전체의 쾌락이 아니라 개인의 쾌락을 목표로 두고, **개인이 양질의 쾌락을 지향할 자유를 보장하는 제도를 구상**했다. 그의 사상은 철학에 한정되지 않고, 경제학 등으로 확장되어 20세기 영국 사회에 큰 영향을 미쳤다.

절망은 죽음에 이르는 병이다

By 키르케고르

키르케고르는 덴마크 출신 철학자로서 실존 철학의 창시자로 불린다. 이때까지 철학자들이 보편적인 진리를 추구한 것과 달리, 그는 '나에게 해당하는 진리'를 찾고자 했다. 즉, 만인에게 통하는 객관적 진리를 추구하지 않고, **현재를 주체적으로 살기 위한 노력을 '실존'으로, 본래의 자기를 잃어버린 상태를 '절망'**으로 여겼다.

신앙을 따라 신에게 자기를 맡기면 사람은 절망에서 벗어날 수 있다.

Søren Aabye Kierkegaard
쇠렌 오뷔에 키르케고르

1813~1855년
【사상】실존주의
【지역】덴마크

아버지가 남긴 저주가 '절망'이 되다

키르케고르의 아버지 미카엘은 전처가 죽은 직후에 가정부를 강제로 임신시켰다. 아버지는 '내 죄로 인하여 자식들은 서른네 살이 되기 전에 죽을 것'이라고 공공연히 말했고, 이를 들은 키르케고르는 절망했다. 그는 서른 넷을 넘기고도 살아남았으나 7명의 형제자매 중 5명이 서른네 살이 되기 전에 사망했다.

모두가 인정하는 보편보다 나에게 맞는 진리가 중요하다

나에게 맞는 진리, 실존주의란?

대중을 향한 진리가 아닌 나(개인)에 해당하는 진리를 탐구해야 한다고 보는 관점.

헤겔은 만인에 공통되는 다수의 가치를 위해서 예외적으로 소수의 가치가 희생되어도 어쩔 수 없다고 생각했다. 이에 대해 키르케고르는 **보편적 가치에 얽매이지 않는 '예외자'로 살아가는 데 가치가 있다**고 반박했다. 키르케고르의 '**실존주의**'는 당시에는 지지를 얻지 못했지만, 이후 사르트르나 하이데거의 주도로 발전했다.

KEY WORD | 자본론, 노동가치설, 부르주아지, 프롤레타리아트

모든 사회의 역사는 계급 투쟁의 역사다

By 마르크스

독일 출신의 철학자 마르크스는 엥겔스와 함께 사회주의와 공산주의 개념을 만들었다. 마르크스는 저서 《자본론》에서 평등한 사회를 만드는 원대한 주제에 관해 다양하게 분석했다. 마르크스는 **노동의 양에 따라 상품의 가치가 결정되는 '노동 가치설'이 자본주의의 밑바탕에 있다**고 생각했다.

사회 혁명을 일으켜
새로운 생산 관계의 시대를 만들자.

Karl Heinrich Marx
카를 하인리히 마르크스

1818 ~ 1883년
【사상】공산주의
【지역】독일

씀씀이가 헤펐던 마르크스

마르크스는 대학 시절 친구들과 술을 마시고 소동을 일으키는 생활로 거액의 빚을 졌다. 아버지가 보내준 돈은 술과 유흥으로 다 써버렸다. 망명한 이후에 친구인 엥겔스에게 받은 후원금도 금방 바닥나서 전당포를 오가기도 했다.

자본가 계급에만 이윤이 쌓이는 자본주의 사회

자본주의에서 노동자 계급(**프롤레타리아트** proletariat)은 자본가 계급(**부르주아지** bourgeoisie)에게 노동력과 이익을 착취당하는 한편, 자본가 계급에게는 이윤이 쌓인다. 노동은 혐오의 대상이 되어 인간을 화폐 가치로 계산하기에 이르고, 자본가 계급과 노동자 계급의 빈부 격차는 점점 확대된다. 이러한 상황에서 벗어나기 위해 마르크스는 **혁명을 일으켜 토지와 공장 등 생산 수단을 공유화하고, 생산물을 분배해야 한다고 주장**했다.

신은 죽었다

By 니체

독일 철학자 니체는 쇼펜하우어의 영향을 받아 독자적인 사상을 내세웠다. 그 중에서도 '신은 죽었다'라는 선언이 유명하다. 당시 유럽에서는 산업 혁명 이후 공해와 열악한 노동 환경이 문제로 떠올랐다. 이렇게 근대 문명의 발전이 그림자를 드러내고 기독교의 영향력이 약화하면서 **발전이 전부라고 여기거나 신을 믿어야 한다는 기존 가치관은 점차 흔들렸다.**

기존 가치관이 무너졌을 때,
믿던 것을 잃었을 때야말로
자신의 의지로 살아야 할 때이다.

Friedrich Wilhelm Nietzsche

프리드리히 빌헬름 니체

1844~1900년

【사상】실존주의

【지역】독일

미스터리한 광기

이탈리아 토리노에서 노후를 보내던 니체가 어느 날 몇몇 친구들에게 이상한 편지를 보냈다. 그는 편지에서 본인이 인간이라는 것은 편견이며 자신이 부처와 그리스 신화의 신이었다고 주장했다. 이에 친구들은 급히 그를 스위스 바젤의 정신병원으로 데려갔다.

근대화를 이룬 결과, 이전의 가치관이 붕괴했다

니체는 근대화로 인해 발생하는 문제와 기독교의 쇠퇴를 지켜보며, 지금껏 옳다고 믿던 가치관이 부정되고 앞으로 무엇을 믿어야 할지 모르는 '**니힐리즘**nihilism'의 시대가 오리라고 확신했다. 그래서 그는 **의지할 곳(신앙)을 잃어버렸다면 자기만의 가치를 만들어야 한다**면서, '신은 죽었다'라는 말을 남겼다.

KEY WORD | 프래그머티즘, 실용주의

CHAPTER 05
현대 1
05

모든 생각은 그 안에서는 진실이다

By 제임스

미국의 철학자 제임스는 미국에서 최초로 심리학 실험실을 세우는 등 심리학 분야에서도 활약했다. 그는 친구인 **퍼스**Peirce**가 창시한 '프래그머티즘** pragmatism'**의 발전과 확립**을 이끌었다. 프래그머티즘이란 **사물의 진리를 경험의 결과로써 판단**하는 사상이다. 이는 우선 경험한 뒤 나온 결과를 중시하는 과학 실험 같은 사고방식이었다.

신앙이 사람의 마음을 위로한다면
그것은 진리가 될 수 있다.

William James
윌리엄 제임스

1842~1910년
【사상】 프래그머티즘
【지역】 미국

초자연 현상과 제임스의 진리

초자연 현상에도 흥미가 있었던 제임스는 "믿고 싶은 사람에게는 믿을 만한 재료를 주지만, 의심하는 사람에게까지 믿게 할 만한 증거는 없다"라고 말했다. 이를 '윌리엄 제임스의 법칙'이라고 한다.

마음먹기에 따라 결과만 좋다면 문제없다

제임스는 생활에 유용한 지식이야말로 진리라고 정의했다. 즉, **본인이 살아가면서 도움이 된다고 생각한 일이라면 그것이 옳다**는 주장이다. 예를 들어 운세를 본 결과가 좋다고 높은 시험 점수를 기대하는 것은 어리석어 보이지만, 실제로 점수가 높게 나왔다면 진리라는 것이다. 제임스의 '**실용주의**' 사상은 미국 문학을 비롯하여 일본의 철학 등에도 널리 영향을 미쳤다.

KEY WORD | 도구주의

인간은 위기에 직면했을 때만 사고한다

By 듀이

듀이는 제임스와 같은 프래그머티즘, 즉 실용주의의 발전을 이끈 인물이다. 그는 인간의 지식(사고)은 더 잘 살기 위한 도구에 불과하고, 지식 자체에 목적과 가치는 없다고 주장했다. 이러한 관점을 '**도구주의**'라고 한다.

위기에 직면했을 때는
지식이라는 도구를 이용해
올바른 진리에 도달한다.

John Dewey
존 듀이

1859 ~ 1952년
【사상】프래그머티즘
【지역】미국

오늘날에도 적용되는 듀이의 학습 이론

듀이는 교육의 역할이란 인간의 자발적인 성장을 이끄는 환경을 마련하는 것이라고 생각했다. 이러한 학습 이론을 바탕으로 스스로 문제를 발견하고 해결하는 것을 강조하는 '문제 해결 학습'이 탄생했다. 오늘날에도 여러 나라와 교육 기관에서 이를 도입해 능동적 학습을 장려하고 있다.

인간은 생각을 도구 삼아 위기에 맞선다

인간의 사고와 추측을 도구로 간주한 '도구주의'

어떤 행동을 할지 생각하거나 추론하는 행위는 인간의 문제 해결을 위한 도구에 불과하다는 사고방식.

예를 들면 사람은 문제에 직면했을 때, 해결하겠다고 생각하고 실행할 수 있는 방법을 모색하는 추론 절차를 거쳐 적절한 결론을 내린다. 이러한 사고 과정은 듀이가 주장하는 **더 좋은 결과를 낳기 위한 도구**다. 사고→추론→결론이라는 절차는 현대의 교육 현장에서도 '문제 해결 학습'이라는 이름으로 널리 쓰이고 있다.

CHAPTER 05

현대 1

07

KEY WORD | 무의식, 원초아, 자아, 초자아

무의식이 사람을 지배한다

By 프로이트

오스트리아의 정신의학자인 프로이트는 정신 분석학의 창시자이자 오늘날 심리 치료의 토대를 마련한 인물이다. 그의 가장 큰 업적은 '무의식'의 발견이다. 기존 철학에서는 인간을 이성으로 통제할 수 있는 대상으로 여겼다. 하지만 프로이트는 **인간의 행동은 무의식의 지배를 받고 있으며 이성으로 통제할 수 없다**고 주장해 철학계를 충격에 빠뜨렸다.

인간은 선천적 본능과
후천적 행동 규범으로 이루어진
무의식의 지배를 받는다.

Sigmund Freud

지그문트 프로이트

1856~1939년

【사상】무의식

【지역】오스트리아

비극 속에서 맞이한 죽음

세계 대전이 한창이던 무렵 환자의 진료와 연구에 매진하던 프로이트는 애제자와 딸, 가족들을 연달아 잃었다. 그리고 나치를 피해 망명한 곳에서 암에 걸린 뒤, 주치의에게 치사량의 모르핀을 투여해 달라고 부탁해 생을 마감했다.

무의식에 있던 생각이 '불쑥' 튀어나온다

이성은 절대적이지 않으며, 인간은 무의식에 지배된다

프로이트의 '무의식' 이론은 '이성'이나 '자아'가 분명히 존재한다고 주장한 데카르트 등 과거 철학자들의 이론을 반박했다.

프로이트는 마음이 세 가지 영역으로 이루어져 있다고 생각했다. 먼저 쾌락을 추구하고 불쾌함을 피하는 원시적인 에너지를 지닌 '**원초아(이드**id**, 에스**Es**)**'와 '~해서는 안 된다'와 같이 후천적으로 형성된 규범인 '**초자아(슈퍼에고**superego**)**'가 있다. 마지막으로 '**자아(에고**ego**)**'는 대립하는 원초아와 초자아를 조정하고 외부 세계와의 조화를 도모한다. 프로이트는 이러한 세 영역의 작용이 무의식에서 이루어지기 때문에 인간은 통제할 수 없다고 주장했다.

KEY WORD | 집단 무의식, 원형

모든 사람에게는 공통된 무의식이 있다

By 융

융은 스위스의 심리학자이자 정신의학자다. 한때 프로이트와 가까이 지내며 정신 분석학 발전을 위해 힘썼지만, 이후 정신 분석에 대한 견해 차이로 '분석 심리학'이라는 독자적인 길을 걷는다. 그가 프로이트와 충돌한 원인 중 하나는 '**집단 무의식**collective unconsciousness'이라는 발상 때문이다. 융은 **개개인의 무의식 속에 인류의 공통된 무의식이 있다**고 생각했다.

무의식의 범위는 광활하고, 개인적 무의식뿐 아니라 집단 무의식도 있다.

Carl Gustav Jung
카를 구스타프 융

1875~1961년
【사상】집단 무의식
【지역】스위스

집안 내력으로 인해 한때 초자연 현상에도 심취

융의 외가에는 영감이 강한 사람이 많았다. 융의 어머니도 그가 어렸을 때 갑자기 무언가에 씐 것처럼 다른 사람의 말투로 말하는 일이 종종 있었다. 이러한 일을 겪은 융은 주술이나 초능력, UFO에도 관심이 많아 이에 관한 논문을 발표하기도 했다.

누구에게나 있는 '원형'

예를 들면 세계의 다양한 신화와 민화에는 민족이나 집단을 초월한 공통점이 있다. 동양의 만다라와 비슷한 문양이 세계 곳곳에 존재하거나, 모든 고대 문명에서 모성을 상징하는 여신상을 만든 것 등이다. 융은 만인에게 공통된 이미지를 발견하고, 이를 '**원형**'이라고 지칭했다. 문명과 신화에서 읽히는 무의식을 다룬 융의 '분석 심리학'은 지금도 심리 치료의 하나로서 이어지고 있다.

KEY WORD | 현상학, 에포케

어째서 확신하고 있는가?

By 후설

후설은 독일 철학자로 '**현상학**'의 시조라 불린다. 우리는 눈앞의 대상, 예컨대 산이나 바다가 보이면 그것들이 존재한다고 확신한다. 그러나 현상학에서는 **존재의 근거를 개인의 주관에 따라 확신하는 이유가 무엇인지, 확신의 근원이 무엇인지 등을 살피면서** 의식의 내부를 탐구한다.

선입견을 배제하고
의식에 드러나는 것을 추구하라!

Edmund Husserl
에드문트 후설

1859~1938년
【사상】현상학
【지역】오스트리아

남다른 집중력을 발휘한 소년

어린 시절 활기 넘치는 소년이었던 후설은 어느 날 선물로 받은 주머니칼이 잘 들지 않자 열심히 갈기 시작했다. 그러다 날이 점점 줄어 어느새 없어졌다. 그는 어른이 되어 당시의 일을 제자에게 이야기하며 슬퍼했다고 한다.

어째서 까마귀라고 확신하는가?

직관만으로 까마귀의 존재를 확신할 수 있다

까맣다거나 무섭다고 느끼는 것은 까마귀의 부분적인 요소임에도, 인간은 직관에 의존해 존재를 확신할 수 있다.

까마귀가 저기에 있다!

후설은 대상이 존재한다는 **판단을 일단 중지(에포케epoche)**하고, 대상이 관찰자의 의식에 어떠한 작용을 하는지 연구했다. 그 결과, 관찰자는 오감에 따른 직관(까맣다, 날카롭다 등)과 이미 알고 있는 지식의 직관(난폭할 것 같다, 무섭다)으로 대상의 존재를 확신한다는 것을 깨달았다. 후설은 **에포케가 확신의 근거를 추구하는 수단이며, 철학뿐만 아니라 학문과 정치에도 활용될 수 있다**고 주장했다.

인간이란 인간이 되는 것이다

By 야스퍼스

야스퍼스는 키르케고르의 실존주의를 통합하고, 실존주의 철학을 끝까지 연구했다. 그에 따르면 인간은 물질처럼 단지 존재하는 것이 아니라 주체적인 '실존'으로서 이 세상에 살고 있다. 그리고 사람이 진정으로 자기다워지는(실존하는) 시기는 죽음이나 전쟁, 사고 등 인생의 장벽에 직면했을 때이다. 야스퍼스는 그러한 상황을 '**한계 상황** grenzsituation'이라고 말했다.

인간은 늘 성장한다.
늘 다음 단계로 나아가고 있다.

Karl Jaspers
카를 야스퍼스

1883~1969년
【사상】실존주의
【지역】독일

나치로부터 아내를 지킨 애처가

야스퍼스의 아내는 유대인이었기 때문에 강제 수용소로 보내질 위험에 처했다. 야스퍼스는 이에 반발해 대학을 나와 자택에서 버티며 이송을 거부했다. 다행히 얼마 뒤 그들이 사는 지역을 미군이 점령하면서 화를 면했다.

절망의 늪에서도 함께 싸우는 동료가 있어야 한다

한계 상황

야스퍼스에 따르면 한계 상황에서 좌절하고 자신의 유한성을 인식한 인간은 초월적 존재인 포괄자를 만난다. 그것만으로 충분하지는 않다. 야스퍼스는 실존을 높이기 위해서 사람들 사이의 교류를 중시했다. 그리고 동일한 **한계 상황에 처한 타자와 함께 노력하는 ‘사랑의 투쟁** liebender Kampf **’을 통해 인간은 진실한 실존을 경험한다**고 주장했다.

KEY WORD 과학의 언어, 논리의 언어

말할 수 없는 것에 관해서는 침묵해야 한다

By 비트겐슈타인

오스트리아에서 태어난 철학자 비트겐슈타인은 러셀에게 논리학을 배웠다. 제1차 세계대전이 일어나자 그는 자원 입대해 최전선에서 싸웠다. 복귀한 뒤에는 저서 《논리철학논고》를 완성하고 '**철학과 논리학에서 할 수 있는 일은 모두 끝났다**'며 철학계를 떠났다. 이후 초등학교 교사와 정원사로 일하다 다시 철학자로 돌아가는 기이한 인생을 보냈다.

언어의 한계는 세계의 한계다.
말로 할 수 없는 명제에 관해서는
침묵해야 한다.

Ludwig Wittgenstein
루트비히 비트겐슈타인

1889 ~ 1951년

【사상】언어철학

【지역】영국

체벌로 교직에서 물러나다

초등학교 교사였던 비트겐슈타인은 질문에 답하지 못하는 학생에게 종종 체벌을 가했다. 어느 날 한 학생이 머리를 맞고 그 자리에서 기절해 급히 의사를 부르는 사건이 일어났다. 이 일을 계기로 비트겐슈타인은 경찰에 신고를 당해 사표를 제출해야 했다.

증명하지 못하는 문제에 대해서는 말하면 안 된다

비트겐슈타인은 철학에서 형이상학, 즉 신의 존재 등 진위를 알 수 없는 이야기를 배제하고자 했다. 그래서 비트겐슈타인은 언어를 두 가지로 나누었다. 하나는 **이론상 확인할 수 있는 '과학의 언어'**이고, 다른 하나는 **확인할 수 없는 '논리의 언어'**이다. 이것들을 명확히 구분해 '말할 수 없는 것에 관해서는 침묵해야 한다'라고 주장했다.

KEY WORD | 현존재, 세계 내 존재

사람은 존재를 인식할 수 있는 생물이다

By 하이데거

하이데거는 독일의 철학자다. 철학의 연구 주제가 '존재'였던 그는 후설의 현상학에서 문제의 단서를 발견하고 그의 제자가 되었다. 개인의 의식을 관찰하는 현상학의 방법이 하이데거가 원하던 것과 일치했기 때문이다. 하이데거는 저서 《**존재와 시간**》에서 인간이 존재하는 본질을 존재론적 해석학의 방법으로 이해하고 상세하게 분석했다.

사람은 세계의 존재와 죽음을 의식함으로써 살아 있다는 것을 실감하는 생물이다.

Martin Heidegger

마르틴 하이데거

1889 ~ 1976년

【사상】 실존주의

【지역】 독일

하이데거의 마음을 빼앗은 철학자, 한나 아렌트

대학에서 조교수였던 하이데거는 이후에 나치즘을 비판한 사상가 한나 아렌트를 만나 첫눈에 반했다. 그러나 하이데거에게는 처자식이 있었다. 두 사람은 은밀하게 만남을 이어오다 헤어진다. 17년이 지나 재회한 두 사람은 노년까지 교제를 이어갔다.

인간은 세계와 관계하면서 존재한다

인간은 세계와 관계를 맺으며 존재하고, 다른 존재를 의식한다

인간은 태어났을 때부터 오감과 의식을 사용해 세계(타자·도구·시간)와 관계하며 존재한다. 이 관계 구조가 '세계 내 존재'다.

하이데거는 **인간을 '현존재'**라고 설명했다. 이는 존재한다는 개념을 이해할 수 있는 존재라는 의미로서 **현존재가 오직 존재를 이해할 때만 존재가 실현**된다. 세계는 무언가가 존재한다는 개념으로 이루어져 있고, 인간은 항상 존재를 해석하면서 살아간다. 하이데거는 세계와 존재의 이러한 구조를 가리켜 **'세계 내 존재'**라고 불렀다.

KEY WORD | 존재 이유

실존은 본질에 앞선다

By 사르트르

사르트르는 프랑스의 철학자이자 작가로서 실존주의의 영역을 넓혔다는 평가를 받는다. 그의 소설 《구토》는 세계적인 인기를 얻었다. 실존주의는 '지금 여기 내가 살아 있음'을 추구하는 철학이다. 인간은 태어나 자각하는 순간 이미 존재하고 있다. 이에 사르트르는 **자기 힘으로 본질을 만들고, 인생을 개척해 나가야 한다**고 주장했다.

인간은 자기도 모르는 사이에 이미 존재하고 있다. 따라서 살면서 제대로 본질을 만들어야 한다.

Jean-Paul Sartre

장 폴 사르트르

1905~1980년

【사상】 실존주의

【지역】 프랑스

철학에 눈을 뜬 계기가 된 술잔

어느 날 사르트르는 학창 시절 친구인 레이몽 아롱(독일의 현상학을 프랑스에 처음 소개한 프랑스 사회학자-옮긴이)과 술집에 갔다. 아롱은 술잔을 가리키며 "자네가 현상학자라면 이 칵테일에 대해 말할 수 있어야 하고, 그것이 바로 자네의 철학이라네."라고 말했다. 사르트르는 이 이야기에 크게 감동하여 철학에 눈을 떴다.

자유로운 선택에는 불안이 동반한다

사물에는 먼저 **존재 이유(레종 데트르raison d'être)**가 있다. 예를 들어 칼은 물건을 자르는 것이 존재 이유이며 거기에 자유는 없다. 칼은 펜이 될 수 없다. 반면 **인간은 존재 이유를 직접 자유롭게 만들 수 있다.** 그와 동시에 책임과 불안이 함께한다. 사르트르는 이를 두고 '**인간은 자유의 형벌을 받는다**'고 표현했다.

05 현대 1

여자는 태어나는 것이 아니라 만들어지는 것이다

By 보부아르

프랑스의 문학가이자 철학자인 보부아르는 프랑스 여성 해방 운동에 공헌한 인물로 유명하다. 1949년에 출판된 저서《제2의 성》은 남성보다 열등한 취급을 받고 보호의 대상으로 여겨지며 착취당하는 여성에 관해 다양한 사례를 들어 이야기했다. 그는 **남성이 지배하는 세상을 바꾸고 평등한 사회를 만들고자 하는 페미니즘의 선구자**였다.

여자다움은 태어날 때부터
가지고 있는 것이 아니다.
사회가 강요한 것이다.

Simone de Beauvoir
시몬 드 보부아르

1908 ~ 1986년
【사상】페미니즘
【지역】프랑스

여제자와의 동성애

사르트르와 계약 결혼을 하고, 자유로운 연애를 인정하기로 한 보부아르. 그러나 여성 편력이 심한 사르트르에게 싫증이 났던 것일까. 제자인 여학생과 동성애 관계를 맺고, 이후 사르트르에게 소개해 사귀게 한 뒤 결국에는 헤어지게 했다.

타자의 압력으로 '여자'가 된다

보부아르와 사르트르의 관계 또한 유명하다. 보부아르는 자신을 '나보다 완전하고 나와 동일한 인간'이라고 표현한 **사르트르와 계약 결혼을 했는데, 그 내용은 혼인 관계를 유지하면서도 자유로운 연애를 보장하는 등 대단히 전위적**이었다. 두 사람은 전쟁에 반대하고 인권을 옹호하는 등 사상적 활동에서도 50년 이상 동반자로서 함께했다.

KEY WORD | 부조리

인생에 의미는 없다

By 카뮈

프랑스 소설가이자 철학자인 카뮈는《이방인》,《시지프 신화》 등의 작품으로 유명하다. 카뮈의 저작을 관통하는 테마는 '**부조리**'다. 카뮈는 **명석한 이성으로 세계와 맞설 때 직면하는 불합리성을 부조리라고 정의**하고, 부조리에 눈을 돌리지 않고 직시하는 자세를 '반항'이라고 말했다. 이러한 자세는 실존주의와 겹치는 부분이 많지만, 카뮈는 인정하지 않았다.

인생에 의미 같은 건 없다.
인간이 스스로 인생에 의미가 있다고 생각하고 싶은 것뿐이다.

Albert Camus
알베르 카뮈

1913~1960년
【사상】실존주의
【지역】프랑스

노벨 문학상을 받은 뒤 은사에게 보낸 편지

카뮈는 집안 형편이 어려워 고등학교 진학을 포기했다. 그런데 초등학생 때 담임 교사였던 제르맹이 그의 재능을 알아보고 진학을 도와주었다. 시간이 흘러 마흔셋이 되었을 때 까뮈는 노벨 문학상을 받았다. 바로 다음날 그는 제르맹에게 감사의 마음을 담은 편지를 부쳤다.

인생은 부조리의 반복일 뿐이다

그는 인생을 **무의미하고 부조리한 행위의 반복**이라고 말했다. 사람은 누구나 자신의 인생에서 무언가 의미를 발견하고자 하지만, 세상이 그에 보답하는 일은 없다. 이것이야말로 부조리이자 인생의 모순이다. 카뮈는 이러한 **인생의 모순을 받아들이면 훨씬 살기 편한 세상이 된다**고 주장해 제2차 세계대전으로 피폐해진 젊은이들의 우상이 되었다.

신체는 세계와 이어진 인터페이스다

By 메를로 퐁티

메를로 퐁티는 사르트르와 나란히 프랑스를 대표하는 철학자다. 그는 사르트르와 잡지 《현대Les Temps modernes》를 간행하고 활발히 정치적 발언을 했지만, 이후 마르크스주의에 관한 견해 차이로 멀어졌다. 그는 **후설의 현상학으로부터 영향을 받아 '신체'와 그 지각을 주제로 독자적인 현상학적 이론을 펼쳤다.**

악수를 할 때,
나는 만지는 동시에
만져지고 있다.

Maurice Merleau-Ponty
모리스 메를로 퐁티

1908 ~ 1961년
【사상】현상학
【지역】프랑스

약혼자를 떠나보낸 슬픈 과거

메를로 퐁티는 학생 시절에 자자라는 여성을 만나 결혼을 약속했다. 그러나 자자의 아버지는 퐁티의 아버지가 해군 사관이 아니라 대학교수라는 사실을 알고 결혼을 무산시켰다. 자자는 충격을 받은 나머지 병에 걸려 죽었다.

육체와 세계를 잇는 접점, 살

05 현대 1

메를로 퐁티는 신체의 경험은 의식도 물질도 아닌 '**양의적인 존재 방식**'이라고 이해했다. 인간은 신체를 통해 대상을 보기도 하고 만지기도 한다. 따라서 신체는 세계와 나의 접점이며, **이때 연결 장치와 같은 접점을 '살**chair'이라고 한다. 내 신체가 타자를 만졌을 때, 나 또한 타자에게 만져진다. 눈이 무언가를 볼 때, 눈은 세계로부터 보이는 것이다.

column no.05

비즈니스에도 필수?

서양에서 철학 교육을 중시하는 이유

우리나라에서는 철학을 고등학교 윤리 수업에서 가볍게 배우지만, 서양에서는 비즈니스맨이라면 당연히 익혀야 할 교양으로 여긴다. 프랑스에서는 어릴 때부터 철학적인 문제에 관해 토론하고, 고등학교에서 필수 과목으로 배운다. 미국에서는 일상에서 철학자의 이름이나 용어를 인용하는 모습을 자주 볼 수 있다. 최근에는 세계화의 영향인지 교양의 중요성이 높아져 국내에서도 이러한 흐름이 확산하고 있다.

예를 들면 헤겔의 '변증법'을 기업에서 교섭이나 문제 해결 상황에 활용하거나, 리더십의 방식에 관하여 설명할 때 마키아벨리의 《군주론》을 인용하는 일이 흔하다. 위기에 맞설 때는 니체의 '영겁회귀'를, 자유로운 형태의 연애를 이야기할 때는 사르트르와 보부아르의 에피소드를…… 아차, 이건 비즈니스와는 관계가 없을지도 모르겠다.

CHAPTER

06

현대 철학2

과학 기술의 발달로 엄청난 변화을 이룬 현대 사회에서는 '포스트 구조주의'를 시작으로 다양해지는 가치관의 체계를 세우고 언어화하는 철학이 주류가 되었다.

푸코
1926~1984
들뢰즈
1925~1995
데리다
1930~2004

현대의 철학자 2
하버마스
1929~
메이야수
1967~
네그리
1933~
샌델
1953~

다양해지는 가치관에 대응하기 위해 꾸준히 진화하는 서양 철학

20세기에는 대규모 전쟁이 곳곳에서 벌어졌다. 이러한 혼란으로 새로운 가치와 윤리 체계를 세워야 할 필요를 느낀 서양 철학은 독자적인 전개를 시작한다.

전쟁이 끝나고 1960년대가 되자 인간의 가치관과 시야는 날로 넓어졌고, 다른 학문 분야의 성과를 도입한 '구조주의'가 등장한다. 이어서 체계를 비판하면서 발전한 푸코의 '생체 권력' 이론과 서양 철학 전체를 재검토한 데리다, 수학 개념을 철학에 적용한 들뢰즈의 '포스트 구조주의'가 등장한다. 1980년대 이후에도 냉전 체제와 종식, 세계 각지의 지역 분쟁, 세계화로 인한 각국 문화의 알력 다툼, 인터넷의 보급, 에이즈의 세계적 유행을 배경으로 세계화에 돌을 던진 네그리, '의사소통 행위 이론'을 제시한 하버마스, '공동체주의'를 주장한 샌델 등 여러 철학자가 다양한 세계의 가치관을 언어화하고자 했다. 이후에도 이러한 철학과 학문이 발전하면서 '사변적 실재론'을 대표하는 철학자 메이야수를 비롯한 '포스트·포스트 구조주의'가 등장하며 서양 철학은 계속 진화하고 있다.

핵심 철학 용어

KEY WORD

포스트 구조주의

1960~70년대에 프랑스에서 일어난 사상 운동 전체를 가리키는 말. 구조 개념을 이용해 사회와 문화를 분석하는 '구조주의'를 바탕으로 하면서도 그것을 뛰어넘는 사고의 틀을 만들고자 시도한 운동.

KEY WORD

리좀(rhizome)

뿌리줄기라는 뜻. 들뢰즈와 가타리는 그물 모양으로 얽힌 뿌리줄기의 이미지를 이용해 현대의 사상과 문화의 상태를 설명하고자 했다. 이는 이전의 질서였던 계층적인 트리 구조와 비교된다.

KEY WORD

공동체주의

공동체가 지닌 미덕을 중시하는 사고와 주장. '타자에게 위해를 가하지 않는 내에서의 개인의 자유'를 중시하는 '자유주의(리버럴리즘)'와 일부 대립하여 '자유주의와 공동체주의 논쟁'을 불러일으켰다.

KEY WORD

공론장

사람들이 공통된 관심사에 관하여 이야기를 나누는, 18세기 유럽에서 유행한 커피 하우스나 문예 살롱과 같은 공간. 하버마스는 이 '공론장'이 프랑스 혁명의 방아쇠가 되었다고 보는 한편, 현대에는 쇠퇴하고 있다고 지적했다.

KEY WORD | 포스트 구조주의, 죽음 권력, 생체 권력

인간은 권력에 복종해야만 주체가 될 수 있다

By 푸코

프랑스 철학자 푸코는 포스트 구조주의자로 알려져 있다. 그는 모든 현상에서 구조를 추출하여 이해하고 제어하려는 구조주의를 비판적으로 계승하면서 근대를 여러 각도에서 재검토했다. 또한, 현대의 일상에서 느껴지는 거부감과 모순을 역사와 대조하며 분석하고, '권력'의 존재 방식을 연구했다. 푸코는 **근대 사회에는 인간을 관리하는 견고한 권력의 지배가 존재한다고 비판**했다.

근대 사회에서는 자유의지가 아닌, 권력으로부터 지위를 부여받음으로써 주체가 될 수 있다.

Michel Foucault
미셸 푸코

1926~1984년
【사상】포스트 구조주의
【지역】프랑스

동성애자 활동가

동성애자로 알려진 푸코는 본인의 성적 지향 때문에 '정상正常'이란 무엇인지 고민하고 연구한 철학자였다. 반체제 운동에 힘썼던 그의 반골 기질은 세상 사람들이 '정상'이라고 간주하는 허구에 대한 의문에서 비롯된 것인지도 모른다.

권력의 존재 방식이 개인의 외부에서 내부로 이동했다

인간이 서로 감시하고 감시당하는 감옥 '파놉티콘'이란?

푸코가 예로 든 감옥 모델(소수의 감시자가 모습을 드러내지 않고 모든 수용자를 감시하는 원형 감옥-옮긴이)이다. 현대의 인간은 학교나 회사, 길거리 등 어디에 가든지 서로 감시하고 감시당함으로써 무의식중에 사회 규율에 순종한다.

학교에는 수업 시간표가 있고, 회사에는 근무 시간표가 있다. 전근대 사회에서 권력에 대한 반항은 '죽음'으로 이어졌지만, 현대 사회에서는 정해진 시간을 따르지 않으면 살아갈 수 없다. **현대의 인간은 자신도 모르게 시간과 제도 등의 다양한 규율에 매여 있으며, 푸코는 이를 전근대의 '죽음 권력'과 비교하여 '생체 권력** biopouvoir'**이라고 불렀다.** 푸코는 인간을 생체 권력에 얽매는 현대 사회를 '**파놉티콘**panopticon'이라는 감옥에 비유했다.

인간은 모두 매개자이며 번역자다

By 데리다

데리다는 현대에 만연한 **'이항 대립'**을 전제부터 뒤집는 **'탈구축'**을 추구한 철학자다. 이항 대립이란 '남자와 여자', '빛과 그늘'처럼 **대립하는 양자**를 가리키며, 그중에서도 데리다는 '화자와 청자', '저자와 독자'와 같은 **'언어의 이항 대립'**에서 탈구축을 지향했다.

화자와 청자 사이에
의미의 지연이 생기는 이상
진리에 도달하기란 불가능하다.

Jacques Derrida
자크 데리다

1930~2004년
【사상】탈구축
【지역】프랑스

축구 선수를 꿈꿨던 철학자

데리다는 프랑스 식민지였던 알제리의 유대인 가정에서 태어났다. 이러한 소수자로서의 정체성은 그가 철학에 대한 비판 정신을 키우는 데 영향을 미쳤을지도 모른다. 참고로 그의 어린 시절 꿈은 축구 선수가 되는 것이었다.

원본과 복제본은 구별되지 않는다

예를 들면 화자가 '의도 A'를 전하기 위해 발언하고, 청자는 그 의도를 이해하려고 한다. 이때 청자에게 진리는 '의도 A'다. 그러나 읽어낸 답이 진리인지 확인하기 위해서 이번에는 청자가 언어를 사용해 확인해야만 한다. 그러면 새로운 '의도 B'가 생기고, 의도 A, B, C와 같이 무한대로 늘어나 진리에 도달하기가 불가능해진다. 즉, 데리다의 '탈구축' 이론은 **진리에 도달하기란 전제부터 불가능**함을 설파했다.

KEY WORD | 트리 구조, 리좀

세계는 끊임없이 차이를 만들며 생성된다

By 들뢰즈

들뢰즈는 포스트 구조주의 시대를 대표하는 프랑스 철학자다. 수학 개념을 철학에 접목하여 새로운 개념을 만들고, 서양 철학의 근본 원칙을 부정하면서 자유의 가능성을 탐구했다. 그는 서양의 형이상학을 유일한 기원에서 비롯된 트리 구조로 보는 시각에 맞서 땅속의 뿌리줄기 '**리좀**rhizome'을 모델로 삼는 발상의 전환을 시도했다. 차이와 생성에 관하여 일관되게 파고든 점이 특징이다.

세계는 알이다.
무엇이든 될 수 있는 동시에
계속해서 생성된다.

Gilles Deleuze
질 들뢰즈

1925~1995년

【사상】포스트 구조주의

【지역】프랑스

'노마드'와는 거리가 멀었던 들뢰즈

들뢰즈는 정신과 의사였던 펠릭스 가타리Félix Guattari와 공동 집필한 저서에서 유목민 생활의 부활을 지향하는 '노마디즘nomadism'을 주장했다. 그러나 정작 들뢰즈는 평생 고향인 파리를 거의 벗어나지 않았다고 한다.

서열화와 체계화를 무너뜨린 리좀화

서양 철학에서 트리 구조란 여러 가지 사상을 하나의 가치관으로 체계화하는 사상이다. 예를 들면, 헤겔의 변증법도 트리 구조에 해당한다. 트리 구조에서는 가치관에 맞지 않는 것은 배제된다. 이와 달리 리좀 구조는 다양한 것들이 서열화되거나 체계화되지 않고, 수평적으로 존재하는 상태를 말한다. 하나로 통합하는 가치관이 없기 때문에 각자의 차이를 그대로 받아들이는 사상이다.

CHAPTER 06

현대 2

04

KEY WORD | 의사소통 행위 이론, 숙의

이성은 의사소통의 중심에 위치한다

By 하버마스

하버마스는 공공성 이론과 의사소통 행위 이론의 일인자로 알려진 독일의 사회학자이자 철학자다. 그는 현대 사회에서 타인이나 사회와 서로 관계를 맺는 시간이나 공간으로서의 '공론장'은 쇠퇴했지만, **상호 이해를 추구하는 의사소통 행위를 통해 한층 민주적인 사회를 만들고 교류하자고 주장**했다. 이러한 새로운 사회 이론을 제시하며 현대 공공 철학의 기초를 다졌다.

이성이란 우리 자신이 타자에게 자신을 정당화할 필요를 느끼고 있음을 인식하는 능력이다.

Jürgen Habermas

위르겐 하버마스

1929년~

【사상】의사소통 행위

【지역】독일

일본 방문 당시 발언이 화제가 되다

2004년 교토상(일본의 이나모리 재단에서 매년 과학, 기술, 문화 분야에 공을 세운 사람에게 수여하는 상-옮긴이)을 수상하러 일본을 찾은 하버마스는 "지식인은 상황을 개선하는 데 기여할 수 있다고 생각할 때는 입을 열어야 한다. 시니컬한 지식인은 용인될 수 없다."라고 말했다. 그의 이미지대로 올곧음이 느껴지는 발언이다.

합의를 위해 이성을 사용한다

06 현대 2

의사소통 행위란 서로 이해할 수 있는 언어 능력과 행위 능력을 갖춘 주체들이 합의를 모색하는 것이다. 하버마스는 이때 상대방을 설득하고 이익을 추구하는 '도구적 이성'이 아닌 **상대방을 존중하는 '의사소통 합리성'**이 필요하다고 보았다. 그는 이러한 대화를 '**숙의**熟議'라고 하고, 이를 바탕으로 한 민주주의, 즉 **숙의 민주주의의 확립을 주장**했다.

CHAPTER 06

현대 2

05

KEY WORD | 다중

주권이 새로운 형태를 띠게 되었다

By 네그리

안토니오 네그리는 이탈리아의 철학자이자 정치 운동가다. 그는 마르크스주의자로서 **철학자 마이클 하트와 공저 《제국》을 발표해 세계화에 파문을 일으켰다.** 그는 1980년대 동서 냉전의 종식 이후 미국이 거대 제국이 되었다고 말하는데, 이때의 '제국'은 **국가를 초월한 제도나 다국적 기업이 형성한 네트워크 권력**을 가리킨다.

'제국'이란 탈중심적이고 탈영토적인 지배 장치이며, 그 안에 글로벌한 영역 전체를 끌어들인다.

Antonio Negri

안토니오 네그리

1933년~

【사상】멀티튜드

【지역】이탈리아

유죄를 선고받은 과격파?

네그리는 1979년 붉은 여단(이탈리아의 극좌 테러 조직-옮긴이)이 알도 모로 이탈리아 전 총리를 납치하고 암살한 테러를 주도했다는 혐의로 체포·기소되었다. 결국 사건에는 관여하지 않은 것으로 결론이 났지만, 이전까지 보인 과격한 발언이나 활동 탓에 유죄를 선고받았다.

'제국'에는 다중들이 대항한다

세계를 지배하는 '제국'은 국가가 아니기 때문에 어디에도 없지만 어디에나 존재한다. 여기에 맞서려면 마르크스주의에서 말하는 '노동자 계급(프롤레타리아트)'이 아니라 '**다중**(**멀티튜드**multitude)'이 필요하다. 다중은 **'제국'과 마찬가지로 네트워크상에서 사람들이 연대한 집합체**다. 네그리는 마르크스주의 관점에서 현대 글로벌 사회를 이해하고자 했다.

KEY WORD | 공동체주의, 공동선, 부담을 지지 않는 개인

개인의 판단은 공동체와 연결되어 있다

By 샌델

미국의 철학자이자 윤리학자인 마이클 샌델은 **공동체주의**communitarianism를 대표하는 학자다. 국내에서도 큰 인기를 얻은 저서《정의란 무엇인가》를 아는 사람도 많을 것이다. 공동체주의는 공동체 가치를 중시하는 정치사상이다. **자유민주주의의 틀 안에 있으면서도 공동체의 가치를 중시하는 주장으로, 미국을 중심으로 발전**했다.

가치관이 다양해지는 현대 사회에서는 사람이 태어나고 자란 공동체의 가치관을 중시해야 한다.

Michael J. Sandel
마이클 샌델

1953년~
【사상】공동체주의
【지역】미국

하버드의 원칙을 뒤집은 열혈 강의

원래 하버드 대학에서 강의는 비공개가 원칙이었다. 그러나 샌델의 철학 강의를 들으려는 청강생들이 워낙 많았던 나머지 대학에서 예외적으로 강의를 공개했다고 한다.

개인이 속한 공동체의 가치가 중요

샌델에 따르면 인간은 공동체에서 분리될 수 없고, 인간의 다양한 선에서 '정의'가 도출되어야 한다. 그리하여 **공동체의 구성원이 합의한 보편적 가치인 '공동선'이 규범**이 된다. 그는 **지역 공동체의 공동선을 의식하는 일은 향후 이상적인 통치를 실현하는 데 더욱 중요하다**고 생각했으며, 사람은 누구나 공동선을 알고 있기 때문에 **'부담을 지지 않는 개인'이란 존재하지 않는다**고 보았다.

KEY WORD | 포스트·포스트 구조주의, 사변적 실재론, 상관주의, 초카오스

상관주의는 불성실한 전략이다

By 메이야수

메이야수는 '포스트 구조주의 이후'의 현대 사상, 즉 **'포스트·포스트 구조주의'가 자리매김한 '사변적 실재론**Speculative Realism'을 대표하는 프랑스 철학자다. 메이야수는 인식론에 큰 영향을 끼친 칸트의 철학을 바탕으로 한 **서양 철학이 '상관주의' 즉, 인간 중심주의에 지배되어 왔다고 주장**했다.

인과적 필연성은 존재하지 않으며, 완전히 동일한 원인이 각각 다른 100가지 사건을 실제로 일으킬 수 있다.

Quentin Meillassoux

퀑탱 메이야수

1967년~

【사상】사변적 실재론

【지역】프랑스

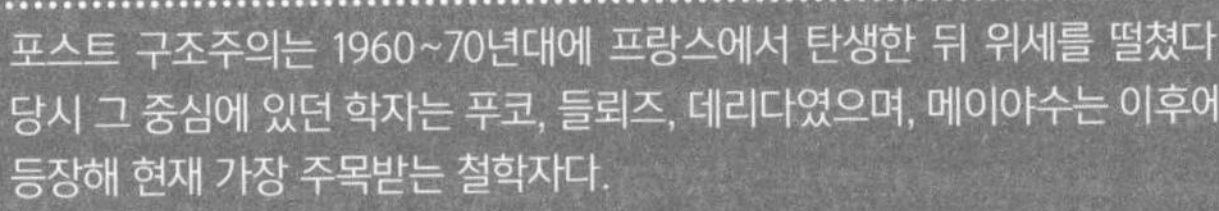

현재 가장 주목받는 철학자

포스트 구조주의는 1960~70년대에 프랑스에서 탄생한 뒤 위세를 떨쳤다. 당시 그 중심에 있던 학자는 푸코, 들뢰즈, 데리다였으며, 메이야수는 이후에 등장해 현재 가장 주목받는 철학자다.

인간이 인식하기 이전의 세계란?

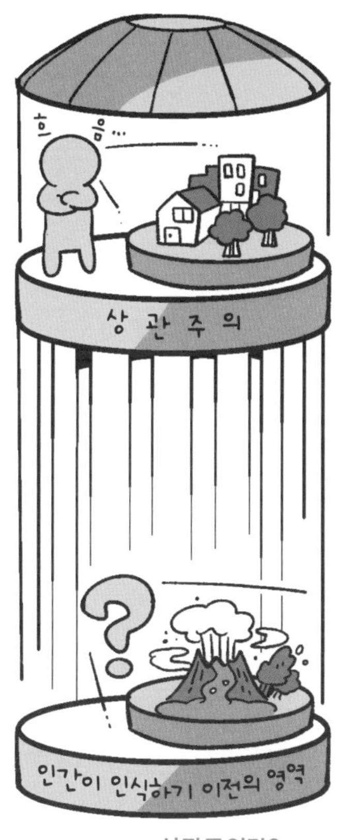

상관주의란?

세계는 인간의 인식에 의존해 존재하고, 그 인식을 초월한 세계에 도달하기란 불가능하다는 생각, 즉 세계와 인식은 상관(서로 관계하는 것)하고 있다는 시각.

메이야수는 '상관주의'의 그물망을 돌파하기 위해 **세계는 모든 것이 가능한 '초카오스**hyper-chaos'로서 모든 자연법칙은 '우연'이고, 인과적 필연성은 존재하지 않으며, 다음 순간 아무런 이유 없이 완전히 다른 것으로 변할 가능성이 있다고 보았다. 그리하여 메이야수는 '우연의 필연성'을 주장했다. 메이야수가 개척한 이 영역은 '사변적 전회'로서 커다란 흐름으로 발전하고 있다.

column no.06

의식은 존재하지 않는다?

철학적 좀비란?

눈앞에 사과가 있다고 하자. 이 사과를 향해 아무리 "굴러!"라고 말을 걸어도 당신이 특수한 능력을 갖고 있지 않는 한 사과는 구르지 않는다. 이처럼 물리 법칙이 사람의 의식에 영향을 받지 않는다는 것은 누구나 아는 사실이다.

그렇다면 의식을 뇌의 부속물로 본다면 어떨까? 뇌 일부를 살짝 건드리면 말과 행동에 영향이 나타나는 것이 그 증거다. 뇌 역시 물리적인 것이라고 생각하면 의식의 영향을 받을 리가 없다. 말하자면 의식이 '이것은 사과'라고 생각하지 않아도 사과라고 인식할 수 있다. 그러면 의식이 없어도 충분히 생활할 수 있고, 어쩌면 의식 같은 건 애당초 필요 없다는 결론에 도달할지도 모른다.

이는 호주의 철학자 데이비드 존 차머스가 주장한 '철학적 좀비Philosophical zombie'라는 사고 실험이다. 혹시 당신의 옆 사람도 의식이 없는 철학적 좀비일지도 모른다.

CHAPTER

07

동양 철학

기원전 고대 중국의 사상은 인도에서 시작된 불교와 공존 및 대립하면서 다양한 해석을 낳았다. 일본은 여기에 서양 철학의 논리를 더하여 새로운 철학을 추구했다.

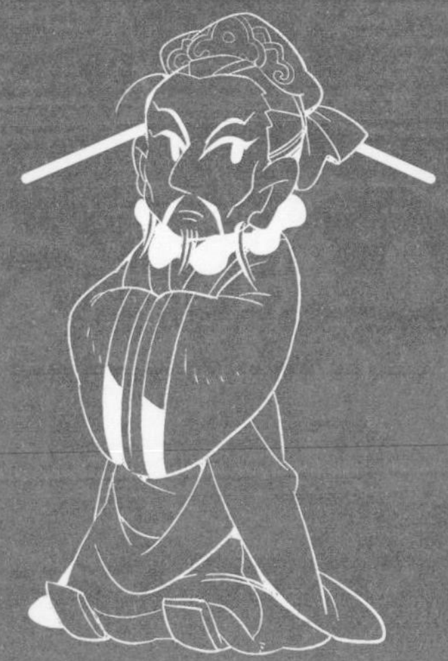

석가모니
BC563?~BC483?
맹자
BC372?~BC289?
공자
BC551~BC479
노자
BC?~?

동양의 철학자

순자
BC298?~BC238?

니시다 기타로
1870~1945

CHAPTER 07 | 동양

국가의 통치와 지배를 위한 철학이 독자적으로 발전하다

동양 문명의 중심지였던 고대 중국에서는 기원전 6세기 무렵부터 공자와 맹자, 순자가 확립한 유교, 노자를 시조로 하는 도교, 손자의 병법, 한비자의 법사상 등 다양한 사상이 등장했다. 이 당시의 사상은 인간이 살아가는 데 필요한 정신적인 방법론일 뿐만 아니라 크고 작은 나라들이 세력을 다투던 시대에 봉건 국가를 유지하기 위한 논리 체계라는 측면도 있었다.

같은 시기 인도에서는 지배 원리인 브라만교에 맞서 불교를 비롯한 여러 사상과 종교가 발생한다. 중국에 전파된 불교가 사상적 체계의 차이로 유교와 대립한 결과 주자학이 등장했다. 이처럼 다양한 사상이 뒤섞인 상황에서 탄생한 해석들은 곳곳에서 체계를 확립했다.

메이지 시대 이후 서양 철학을 도입한 신생 국가 일본에서는 동양의 여러 사상과 종교 가치관을 서양 철학의 방식으로 체계화하고자 했다. 불교 사상과 서양 철학을 융합한 니시다 기타로 등이 근대 일본의 새로운 철학을 이끌었다.

핵심 철학 용어

KEY WORD

부처(붓다)

산스크리트어로 '깨달은 자'를 의미한다. 붓다의 음역인 불타佛陀를 우리말로 '부텨'라고 읽었으며 점차 변하여 '부처'가 되었다.

KEY WORD

묵가(墨家)

묵자의 이론을 신봉하는 사상가 집단으로, 중국 춘추 전국 시대에 등장한 사상가·학파인 제자백가 중 하나다. 유가에서 말하는 예악禮樂(예법과 음악을 통해 사람들을 교화해 이상적인 사회를 실현할 수 있다고 본 사상-옮긴이)을 부정하고, 차별 없는 사랑과 상호 부조, 근검절약 등을 설파했다.

KEY WORD

덕(德)

유교에서는 주로 '인·의·예·지·신'의 다섯 가지 덕(오륜, 오상이라고도 함)을 총칭하여 덕이라고 한다. 참고로 플라톤은 '지혜·용기·절제·정의'라는 네 가지 덕을 주장했다.

KEY WORD

선(禪)

'고요히 생각한다'라는 의미의 산스크리트어 '디야나Dhyana'를 중국에서 선나禪那로 음역하면서 유래한 말. 인도에서 예로부터 전해진 수행법으로 중국에서는 선종禪宗으로 발전했다.

KEY WORD | 팔정도

욕망을 없애면 고통도 없어진다

By 석가모니

기원전 6세기 전후 북인도에서 태어난 불교의 시조 석가모니 또한 철학자였다. 본명은 '고타마 싯다르타'로, 우주와 개별 자아의 본질이 일치한다고 여기는 고대 인도의 전통적인 우파니샤드 철학을 계승하고, 당시 인도의 지배 신앙인 브라만교에 철학적 추론으로 대항했다. **고행과 명상 끝에 깨달음을 얻어 '부처佛陀'라고 불리며, 인생의 고통을 극복하는 철저한 수행의 장으로서 불교를 일으켰다.**

인생의 괴로움은
변화하는 덧없는 세계에서
번뇌를 스스로 모으는 것에서 비롯한다.

釋迦牟尼
석가모니

BC563? ~ BC483?
【사상】불교
【지역】고대 인도

여자를 멀리한 원인은 호화로운 술잔치?

석가모니는 여성의 출가에 난색을 드러내며 여성을 멀리한 것으로 유명하다. 왕족이었던 그는 출가하기 전까지 온 나라의 아름다운 여인들과 왕족들이 날마다 잔치를 벌이는 궁전에서 살았다고 한다. 그곳에서 여인들끼리 벌이는 추한 다툼을 보고 속세에 환멸을 느꼈다고 알려져 있다.

열반의 경지에 이르기까지의 8단계

불교의 근본적인 교리에는 '**사법인**四法印'이 있다. 사법인은 욕망을 채우지 못하고 모든 것을 고통으로 느끼는 상태인 '**일체개고**一切皆苦', 이 세상의 무엇이든 흘러간다는 '**제행무상**諸行無常', 자아가 없는 상태인 '**제법무아**諸法無我', 모든 것을 이해하고 번뇌를 없애 안락한 경지에 도달한 상태인 '**열반적정**涅槃寂靜'을 가리킨다. 석가모니는 사법인을 깨닫기 위해 **올바른 견해와 사고방식, 말, 행동, 생활, 노력 등을 강조하는 '팔정도'**를 설파했다.

KEY WORD | 인도 정치, 인, 예

CHAPTER 07
동양
02

덕은 외롭지 아니하고 반드시 이웃이 있다

By 공자

공자는 고대 중국 춘추 시대 주나라의 사상가이자 철학자이며 유교의 시조다. 전통적인 신분제 질서가 해체되던 주나라 말기의 관료였던 공자는 초기 주나라로 돌아갈 것을 이상으로 내세우며 **인도 정치**仁道政治를 주장했다. **전국 시대가 되자 제자백가의 제자들은 유교 교단을 세워 공자의 어록을 정리했다.** 이것이 《**논어**》이며 우리 문화에도 깊은 영향을 끼쳤다.

덕이 있는 자는 외로울 일이 없고, 도와주는 자가 반드시 나타난다. 사람을 이어주는 소중한 것은 사랑과 예의다.

孔子
공자

BC551~BC479
【사상】유교
【지역】고대 중국

남다른 풍채의 공자

《사기》에 따르면 공자는 9척 6촌(약 2m)에 달하는 큰 키 때문에 사람들로부터 키다리라고 불렸다. 또한 공자의 이름인 '구丘'인 이유가 머리 위쪽이 튀어나오고, 정수리가 움푹한 것이 완만한 언덕처럼 보였기 때문이라는 설도 있다.

'배려'와 '예의'를 설파한 공자의 사상

공자는 '인'과 마찬가지로 '예'를 중시했다. 예를 실천함으로써 개인의 마음에 인이 지켜진다고 생각했기 때문이다.

유교의 근본은 **'인과 예를 바탕으로 한 이상 사회의 실현'**이다. **'인'은 가족 간의 사랑을 출발점으로 하여 이를 타인에게로 넓히는 '인간애'**다. **'예'는 사회 규범으로서, 인이 다양한 상황에서 나타나면 예가 실현되고 도덕이 지켜진다**고 보았다. 또한 인은 양심을 중시하는 **'충'**이나 남을 배려하는 **'서'**가 된다. 공자는 이러한 덕이 마음에 심어지면 사람은 선을 행한다고 설명했다.

KEY WORD | 노장사상, 도, 무위자연

도라고 할 수 있는 도는 도가 아니다

By 노자

노자는 고대 중국의 춘추 전국 시대에 활약한 철학자다. 도가는 노자의 사상을 바탕으로 하며, 이후에는 그를 시조로 하는 도교가 탄생했다. 노자에 관한 가장 오래된 설명은 역사가인 사마천의 《사기》에 나와 있으나 실존 인물이 아니라는 설이 있을 만큼 수수께끼 같은 사람이다. 노자를 계승한 장자는 **있는 그대로의 자연스러운 삶을 추구**했으며 두 사람의 철학을 일컬어 **'노장사상**老莊思想**'**이라 한다.

'도道**'라고 할 수 있는 도는 진정한 도가 아니다. '이름'이라고 할 수 있는 이름은 진짜 이름이 아니다.**

老子
노자

BC? ~ BC?
【사상】도교
【지역】고대 중국

노자는 한 사람이 아니다!?

공자에게 조언을 하거나 부처에게 가르침을 전했다는 등 노자에게는 믿기 힘든 에피소드가 많아서 그가 실존 인물이 아니라는 주장도 있다. 《사기》에는 일반적으로 《노자》의 저자로 추정되는 노담老聃 외에 노래자老來子라는 인물도 등장한다.

도는 삼라만상을 만들어내는 근원

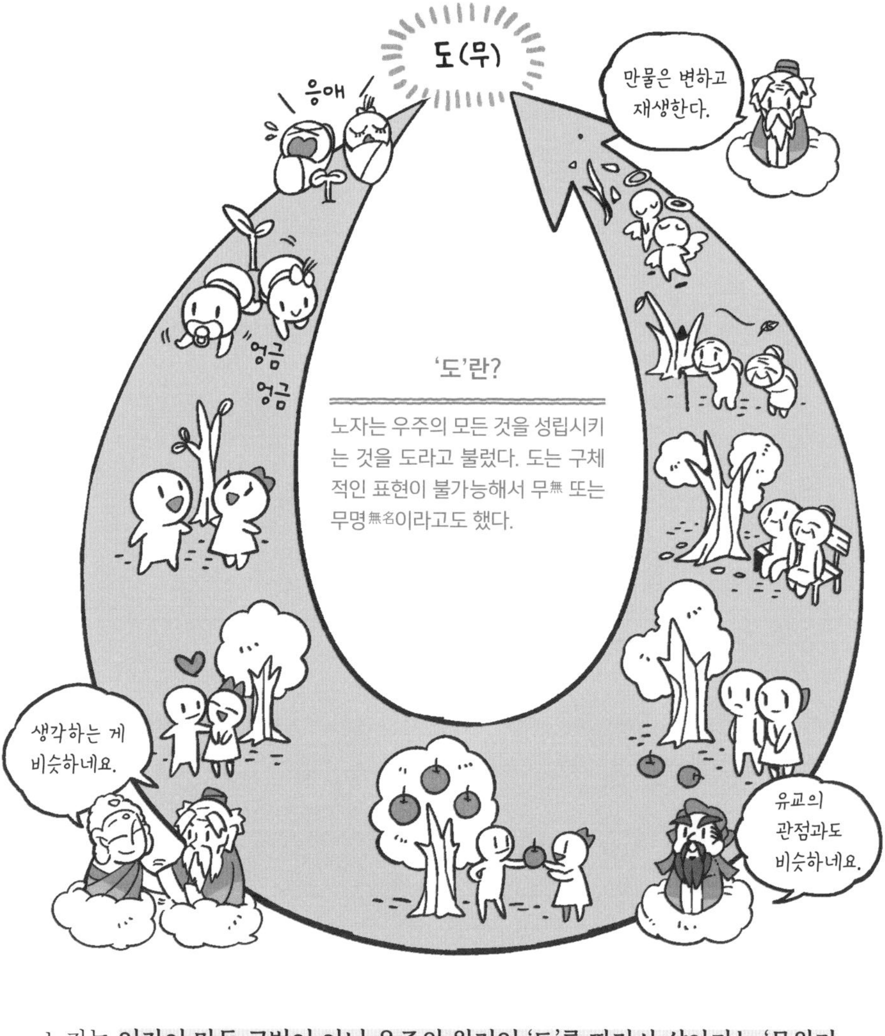

도(무)

응애

엉금 엉금

만물은 변하고 재생한다.

생각하는 게 비슷하네요.

유교의 관점과도 비슷하네요.

'도'란?

노자는 우주의 모든 것을 성립시키는 것을 도라고 불렀다. 도는 구체적인 표현이 불가능해서 무無 또는 무명無名이라고도 했다.

노자는 **인간이 만든 규범이 아닌 우주의 원리인 '도'를 따라서 살아가는 '무위자연無爲自然'을 주장**했다. '도'는 천지보다 앞서 존재한 혼돈이며 만물의 근원이자 자연 그 자체다. '도'는 완전하기 때문에 인간이 가치 판단을 멈추고 자연에서 배우며 행동하면 모든 것이 잘 되리라는 것이다. 이는 **유교의 가르침과 반대되는 관점**이었다.

KEY WORD | 성선설, 왕도 정치, 덕

국가에서 가장 중요한 것은 인민이다

By 맹자

맹자는 전국 시대에 공자의 손자 자사에게 학문을 배운 유학자로, 공자의 후계자 중 가장 중요한 인물이다. 사상가 집단인 묵가墨家의 고자告子가 '사람의 본성에는 선도 악도 없다'라고 주장한 것에 반대하며 물이 낮은 곳으로 흐르는 것과 마찬가지로 **인간의 본성은 한결같이 '선'하다는 '성선설性善說'을 주장**했다. 또한 무력이나 속임수를 이용한 통치가 아닌 **인의에 따른 왕도 정치**를 제시했다.

중요한 것은 인민이고,
그다음이 토지와 곡식의 신이며,
군주는 가장 가볍다.
왕은 인의로써 정치를 해야 한다.

孟子
맹자

BC372?~BC289?
【사상】유교
【지역】고대 중국

왕의 스승과 측근들

맹자는 여러 나라의 왕들에게 정치의 도를 가르치며 다녔는데, 자부심이 높아 반드시 왕들에게 스승 대우를 받고자 했다. 마흔이 넘어서는 수십 대의 수레와 수백 명의 측근을 거느리고 여러 나라를 돌아다녔다고 한다.

사람의 본성은 선하다고 정의한 맹자의 가르침

성선설은 인간이라면 누구든 우물에 빠질 위험에 처한 아이를 도우려 하므로, 인간에게는 타고난 선, 즉 인의 마음이 있다고 본다. 또한 맹자는 **공자의 '인'을 발전시켜 '사랑'과 '정의'를 추구하는 마음을 '인의'**라고 했다. 성선설은 남을 배려하는 '**측은**惻隱', 악을 미워하는 '**수오**羞惡', 남에게 양보하는 '**사양**辭讓', 올바른 판단을 하는 '**시비**是非'라는 **네 가지 단서**四端**에서 성장하여 '덕'이 된다**고 설명했다.

인간의 본성은 악하다

By 순자

중국의 전국 시대 말기 사상가이자 유학자인 순자는 맹자와 함께 유교의 중요한 후계자이다. 공자의 가르침 중 하나인 '인'을 나타내는 행동이자 예의범절과 같은 '예'를 완성한 인물로, **군자가 배워야 할 것은 당시 많은 이들이 믿던 '신비적 의례'가 아니라 '예'라고 말했다.** 또한 **나라를 다스리는 데 실력주의가 중요함**을 주장했다. 특히 순자는 '**성악설**性惡說'을 통해 이름을 알렸다.

인간은 태어나면서부터 '악'을 향해 나아간다. 그렇기 때문에 규범과 예의로써 선을 실현해야 한다.

荀子
순자

BC298?~238?
【사상】유교
【지역】고대 중국

중국에서 비주류였던 순자

중국에서는 성선설이 주류였고, 성악설은 학문적으로 비주류에 속했다. 《순자》는 1068년에 처음 출판된 뒤, 1181년에 복각본이 나왔지만 중국에서는 많은 부분이 유실되었다. 현재는 일본의 가나자와 문고(일본 가마쿠라 시대의 문화재를 소장하고 있는 박물관–옮긴이)에 단 한 권의 복각본이 남아 있다.

사람의 본성은 선이 아닌 악이다

성악설

사람은 선천적으로 악해서 내버려 두면 사리사욕을 탐한다는 것이 순자의 성악설이다. 순자는 인간이 교육을 통한 교정으로 선해진다고 생각했다.

순자는 **맹자의 '성선설'을 비판했으며, 군자는 학문을 닦음으로써 선을 지향하고 통치자가 되어야 한다고 주장**했다. 그는 한없는 욕망을 인간의 본성으로 전제하고, 그것을 채우려면 사회가 궁핍해진다고 생각한 현실주의자였다. 한편, 신분에 따른 차별에 대해서는 인간의 욕망이 충돌하는 것을 피하기 위한 제도라며 긍정했다.

KEY WORD | 니시다 철학, 절대 모순적 자기 동일

운명은 필연적 자연으로 우리를 제한하지 않는다

By 니시다 기타로

일본을 대표하는 철학자인 니시다 기타로는 제2차 세계대전 중에도 활발히 활동했다. 가족의 죽음과 지병이 겹쳐 고통스러운 나날을 보낸 니시다는 불교학자인 스즈키 다이세쓰鈴木大拙의 영향으로 **선禪을 배워 '일본 불교 사상과 근대 서양 철학의 융합'을 구조화할 방법을 모색**했다. **니시다의 철학 체계를 '니시다 철학'**이라고 한다.

운명이란 미래를 한정하는 것이 아니라 풀어야 할 과제로서 우리에게 주어진다.

西田幾多郎

니시다 기타로

1870~1945년

【사상】무의 철학

【지역】일본

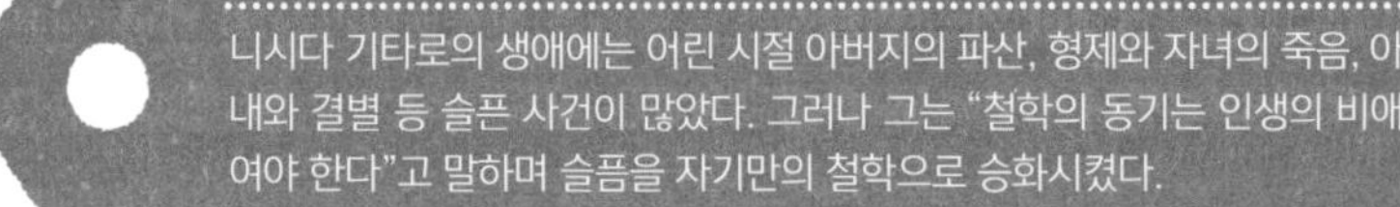

슬픔이 낳은 유일무이한 철학

니시다 기타로의 생애에는 어린 시절 아버지의 파산, 형제와 자녀의 죽음, 아내와 결별 등 슬픈 사건이 많았다. 그러나 그는 "철학의 동기는 인생의 비애여야 한다"고 말하며 슬픔을 자기만의 철학으로 승화시켰다.

대립을 남긴 채로 현상을 받아들이고 긍정하라

니시다는 만년에 '**절대 모순적 자기 동일**' 이론을 펼쳤다. 이것은 서로 대립하는 모순이 모순을 유지한 상태에서 동일화하여 현재에서도 작동한다는 사상이다. 니시다는 **대립이 사실은 하나임을 실감하면 사람은 현재의 존재를 긍정하는 깨달음의 경지에 이른다**고 생각했다.

마치는 글

사람은 '생각'을 멈출 수 없다

이 책에서는 서양, 동양 철학사에서 중요한 철학자들의 생각을 되도록 간결하고 이해하기 쉽게 정리했다. 2시간이면 철학사가 머리에 쏙 들어가는 것을 목표로 삼았는데, 이 책을 통해 '철학의 시작과 오늘날의 흐름'을 얼추 파악할 수 있었으리라 생각한다.

이 책을 읽으면서 이해하기 힘든 이론도 몇 가지 있었을 것이다. 하지만 지금은 그 정도로도 충분하다. 철학자들이 내세운 이론과 사상에서 철학의 깊이와 재미를 발견하고 '왜 그렇게 생각했을까?'라고 의문을 품는 것이 중요하기 때문이다. 그렇게 하면 자연스럽게 철학적 사고가 시작될 것이다.

철학에는 몇 가지 정의가 있는데, 일반적으로는 '이 세계의 모든 사물의 존재 방식을 한층 정확하게 이해하고자 시도하는 학문'이라고 한다. 인간은 의문을 품고 질문을 던지는 존재다. 그리고 한번 의문이 생기면 이해하고 납득할 때까지 생각을 멈추지 않는다.

이처럼 '사고하는 능력'은 고도로 발전한 현대 사회에서 분명히 유용하다. 일을 할 때든 학교에서든 상관없다. 부디 철학을 업무와 학업에 활용해 보기를 추천한다.

여기까지 읽어주신 분이라면 이미 철학의 매력에 눈을 떴으리라. 만일 그 매력에 빠져 철학의 세계에 한 발자국 더 들어간다면 어딘가에서 다시 만날지도 모른다. 그럼 그날을 기대하며……

찾아보기

참고 문헌

국내 출간

《30분 철학》 누키 시게토 지음, 전경아 옮김, 길벗

《대논쟁! 철학 배틀》 하타케야마 소 지음, 김경원 옮김, 다산초당

《사상 최강의 철학 입문》 야무챠 지음, 한태준 옮김, 동녘

《생각하는 힘을 키우는 철학하다!》 하타케야마 소 지음, 장세후 옮김, 지식여행

《철학 수학》 야무챠 지음, 김은진 옮김, Gbrain

《철학 용어 사전》 오가와 히토시 지음, 이용택 옮김, 미래의창

《철학 입문》 도다야마 가즈히사 지음, 박철은 옮김, 학교도서관저널

《철학용어도감》 다나카 마사토 지음, 김선숙 옮김, 성안당

《철학의 교실》 오가와 히토시 지음, 안소현 옮김, 파이카

《철학의 책》 윌 버킹엄 지음, 이경희·박유진·이시은 공역, 지식갤러리

《철학적 사고로 배우는 과학의 원리》 야무챠 지음, 김은진 옮김, Gbrain

그 외

《14세부터 시작하는 철학입문 '지금'을 살기 위한 텍스트》 야무챠 지음, 후타미쇼보

《가장 쉬운 철학책》 사와베 유지 지음, 사이즈샤

《그림 해설·표준 철학사》 누키 시게토 지음, 신쇼칸

《그림잡학 철학》 누키 시게토 지음, 나쓰메샤

《나의 철학 입문》 기다 겐 지음, 고단샤 학술문고

《도표로 이해한다! 니체의 사고방식》 도마스 아키나리 지음, 주케이문고

《마르크스 입문》 이마무라 히토시 지음, 지쿠마신쇼

《만화처럼 술술 읽히는 철학 입문》 가게야마 가쓰히데 지음, 다이와문고

《사상 최강의 철학 입문 동양의 철인들》 야무챠 지음, 가와데쇼보신사

《서양 철학사》 이마미치 도모노부 지음, 고단샤 학술문고

《세계 15대 철학》 오이 다다시 지음, PHP문고

《세계의 엘리트가 배우는 교양 철학》 오가와 히토시 지음, PHP연구소

《세상에서 가장 알기 쉬운 교양 철학 강의》 오가와 히토시 감수, 다카라지마샤

《이와나미 철학·사상 사전》 히로마쓰 와타루 지음, 이와나미쇼텐

《재미있고 알기 쉬운 철학책》 하타노 마사루 지음, 세이토샤

《철학 지도》 누키 시게토 지음, 지쿠마신쇼

《철학 키워드 사전》 기다 겐 엮음, 신쇼칸

《초역 철학자 도감》 도마스 아키나리 지음, 간키출판

《칸트 입문》 이시카와 후미야스 지음, 지쿠마신쇼

《현대 사상을 읽는 사전》 이마무라 히토시 엮음, 고단샤 현대신서

《후속·철학용어도감》 다나카 마사토 지음, 프레지던트샤

감수

오가와 히토시(小川仁志)

1970년 교토에서 태어난 철학자. 교토대학 법학부를 졸업하고 나고야시립대학 대학원에서 박사후기 과정을 수료했다. 도쿠야마 공업고등전문학교 부교수 및 미국 프린스턴대학 객원 연구원을 지냈으며, 지금은 야마구치대학 국제종합과학부 교수로 지내고 있다.
대학에서 새로운 글로벌 교육을 지도하는 한편, 상점가에서 '철학 카페'를 주최하는 등 시민을 위한 철학을 알리는 활동을 하고 있다. 또한 각종 미디어를 통해서도 철학의 대중화에 힘쓰고 있다. 전문 분야는 공공 철학이다. 지금까지 100권 이상의 저서를 출간했다.
최근 출간된 저서로는《고독을 살아가는 철학》(가와데쇼보신샤),《30일에 끝내는 철학 수첩》 엮음(일본능률협회매니지먼트센터),《세계의 엘리트가 교양으로 익히는 철학 용어 사전》(SB크리에이티브),《에릭 호퍼, 나를 사랑하는 100가지 말》(PHP연구소) 등이 있다.

옮김

박소영

동국대학교에서 신문방송학과 일어일문학을 전공했다. 대학을 졸업하고 언론사에서 사회의 여러 현장을 다니며 취재했다. 두 언어를 잇는 번역의 매력에 끌려 글밥아카데미 수료 후 바른번역 소속 번역가로 활동 중이다.

세상에서 가장 빠른 철학 공부

1페이지로 보는 동서양 핵심 철학

초판 1쇄 발행 2020년 8월 3일 초판 2쇄 발행 2021년 11월 19일

글·그림 보도사 편집부
감수 오가와 히토시
옮긴이 박소영
펴낸이 이승현

편집3 본부장 최순영
교양 학습 팀장 김문주 편집 이유진
키즈 디자인 팀장 이수현 디자인 urbook

펴낸곳 ㈜위즈덤하우스 출판등록 2000년 5월 23일 제13-1071호
주소 서울특별시 마포구 양화로 19 합정오피스빌딩 17층
전화 02)2179-5600
홈페이지 www.wisdomhouse.co.kr 전자우편 kids@wisdomhouse.co.kr

ISBN 979-11-90908-35-1 03100